왜 써, 뭘 써, 어떻게 써?

초판 1쇄 발행 | 2014년 4월 15일
초판 2쇄 발행 | 2015년 5월 19일

글 | 김민선
그림 | 박옥기

펴낸이 | 도승철
펴낸곳 | 밝은미래
등   록 | 2005년 5월 2일 (제105-14-87935호)
주   소 | 서울시 마포구 잔다리로3안길 36
전   화 | 322-1612~3
팩   스 | 322-1085
밝은미래 홈페이지 | http://www.bmirae.com

편   집 | 김주연, 고지숙   **디자인** | 문고은
마케팅 | 박선정, 김은지   **경영지원** | 강정희

ⓒ 김민선·밝은미래, 2014

ISBN 978-89-6546-136-4 63710
ISBN 978-89-6546-035-0 (세트)

* 책값은 뒤표지에 있습니다.
* 이 책 내용의 일부 또는 전부를 재사용하려면 반드시 저작권자와 출판사 양측의 동의를 얻어야 합니다.

술술 써지는 마법의 글쓰기

왜 써, 뭘 써, 어떻게 써?

김민선 글 | 박옥기 그림

밝은미래

재미있는 글 나라 여행에 초대합니다!

어린이 여러분 안녕?

오늘 하루, 친구와 얼마나 많은 이야기를 나누었나요? 여러분은 말하기가 재미있나요? 또 자기의 생각을 자신 있고 당당하게 발표할 수 있나요?

선생님은 여러분 또래의 어린이들에게 오랫동안 글쓰기를 가르쳐 왔어요. 선생님에게는 시끌시끌한 교실을 조용하게 만드는 비법이 하나 있어요. 수업 시간에 왁자지껄 떠들던 어린이들에게 "지금까지 한 말을 글로 옮겨 써 볼까요?"라고 하는 거예요. 그러면 모두 주춤주춤 머뭇거리면서 어느새 조용해지지요. 솔직히 선생님은 이 방법을 자주 써서 교실을 조용하게 만들곤 한답니다.

그렇지만 그런 어린이들을 보면서 선생님은 안타까운 마음이 들기도 해요. '이렇게 어릴 때부터 글쓰기를 싫어하면, 나중에 어른이 되어서 자기의 마음을 제대로 표현할 수 있을까?'라는 걱정도 되고요.

때로는 말보다 글로 마음을 더 진실하고 솔직하게 전달할 수 있어요. 진심을 담은 글은 사람의 마음을 움직이는 강한 힘도 있지요. 여러분도 자기의 생각을 멋지고 자유롭게 표현하는 사람이 되고 싶지 않나요?

자기의 생각을 글로 쓰는 일이 누구에게나 쉬운 건 아니에요. 사실은 선생님도 글을 쓰는 일이 어렵게 느껴지고 즐겁지 않을 때가 있답니다. 그 이유가 무엇인지 선생님은 곰곰이 생각해 보았어요.

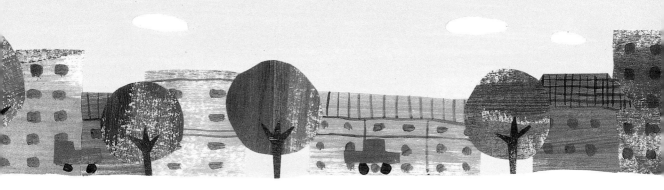

자기의 생각을 글로 정리하는 일은 꽤 어려운 숙제예요. 글을 쓰려면 쓰려는 글에 어울리는 형식이 필요하고, 자연스러운 문장의 표현도 어우러져야 해요. 읽는 사람이 궁금해 할 만한 재미있는 주제를 고르는 것도 중요하고요. 그래서 글쓰기는 어린이 여러분뿐만 아니라 부모님, 선생님과 같은 어른들에게도 익숙하지 않으면서 꽤 어려운 일이지요.

하지만 글쓰기는 우리에게 꼭 필요해요. 어린이 여러분이 앞으로 더 많이 겪게 될 우리 사회는 너무나 복잡하고 어려운 문제들이 많아요. 어려운 문제를 해결하기 위해 생각하는 힘을 기르고, 자기의 생각을 원활하게 표현하는 데 글쓰기만큼 효과적인 것이 없답니다. 글쓰기가 어렵다고 피하기만 한다면 정말 중요한 것을 놓칠 수도 있지요.

그래서 선생님은 글쓰기를 싫어하거나 어려워하는 어린이, 글쓰기를 잘하고 싶은 어린이, 글쓰기를 어떻게 해야 할지 모르는 어린이 여러분을 위해 이 책을 썼답니다. 이 책의 주인공 현수는 여러분처럼 글쓰기를 어려워하고 싫어하는 친구예요. 그런데 현수는 여러 가지 모험과 경험을 통해 글쓰기가 꽤 재미있다는 것을 알게 되지요.

현수에게 어떤 일이 일어났는지 궁금하지 않나요? 자, 글쓰기를 잘 하고 싶은 어린이 여러분! 현수와 함께 글 나라를 여행하면서 자연스럽게 글쓰기의 재미에 빠져 보아요!

2014년 봄, 김민선

이제 나도 잘 쓸 수 있어요!

너무 하기 싫은 글쓰기, 왜 해야 하나요?

생각을 어떻게 글로 써요?

조용하던 교실이 몇몇 아이들의 소곤거림으로 분주해졌어요. 아이들의 눈빛도 들뜬 듯 반짝거렸어요. 왜냐고요? 창밖으로 갑자기 굵은 빗방울이 떨어지기 시작했거든요. 거리를 걷던 사람들은 조금 전까지만 해도 쏟아지는 햇빛 때문에 등이 따가운지 그늘로만 피해 다녔어요. 그런데 갑작스레 내리는 비를 피해 이리저리 뛰어다니는 모습을 보니 조금 재미있기도 했어요. 아이들은 자리에서 일어나 한낮의 작은 소동을 즐겼어요.

"어떡해? 우산 안 가져왔는데."

"우아, 비가 참 많이 내리네."

"지난번엔 우산이 없어서 경아랑 집까지 뛰어갔었어."

"그때 참 신 나고 재미있었어. 옷은 흠뻑 젖었지만."

선생님은 흐뭇한 미소를 지으며 말없이 아이들의 모습을 지켜보았어요. 선생님도 비 오는 풍경을 즐기는 것 같았어요. 창밖을 한참이나 바라봤거든요.

"빗소리가 어떻게 들리나요?"

선생님이 묻자 여기저기서 아이들이 대답했어요.

"통통통."

"주룩주룩."

"쏴아 쏴아."

"비가 오면 가장 먼저 생각나는 게 뭐예요?"

"엄마가 김치전을 해 주셨어요. 김치전 먹고 싶어요."

"난 만화책 보고 싶어. 과자 먹으면서."

아이들이 저마다 생각나는 것들을 이야기하느라 교실 안이 떠들썩했어요. 하지만 웬일
인지 선생님은 여느 때와 달리 아이들을 가만히 바라보기만 했어요.

"비 올 때 있었던 이야기, 비와 관련된 일, 비를 보면 생각나는 것들을 이야기해 볼까요?"

아이들이 차례로 일어나 발표했어요.

현수는 그때 우연히 선생님의 얼굴을 보았어요. 선생님은 신 나게 이야기를 하는 아이들을 흐뭇한 표정으로 보고 있었어요.

그런데 행복한 시간도 잠시였어요.

선생님이 말했어요.

"자, 그럼 저마다 했던 말들을 글로 써 볼까요?"

"아, 싫어요, 선생님."

"싫어요. 왜요? 말로만 하면 안 되나요?"

"쓰기 싫어요. 어려워요."

선생님은 아이들의 항의에도 아랑곳하지 않고 칠판에 '비 오는 날의 풍경'이라고 썼어요.

TIP

• 비 오는 날에 있었던 일을 떠올려 보세요.
• 어떤 일이 가장 먼저 생각나나요?
• 친구들과 나눈 이야기를 생각해 보세요.
• 생각나는 것들을 하나하나 써 보세요.

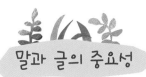

이발사 아저씨를 만났어요!

아이들은 모두 '비 오는 날의 풍경'에 대해 쓰려고 생각에 잠겼어요. 하지만 쉽지 않은지 여기저기서 끙끙 앓는 소리가 들렸어요.

현수는 공책에 '장화, 우산, 김치전, 만화책'이라고 썼어요. 그다음은 뭘 써야 할지 몰랐어요.

'아휴, 글은 왜 생겨서 날 이렇게 괴롭히는 거지? 글이 없었으면 좋겠네. 글은 쓰지 말고 그냥 말만 하면 안 될까?'

교실 안을 둘러보니 친구들은 모두 열심히 뭔가를 쓰고 있었어요. 현수는 막막한 기분이 들어 책상에 살짝 엎드렸어요.

"네가 바로 그 녀석이구나. 글을 왜 쓰는지 모르겠다고 투덜거렸지?"

낯선 목소리에 놀라 현수가 번쩍 고개를 들었어요. 목소리의 주인은 허리춤에 가위가 든 가방을 두른 아저씨였어요. 아저씨는 현수와 눈이 마주치자 빙긋 웃었어요.

"어, 아저씨는 누구세요? 여긴 어디예요?"

"여기는 마법의 글 나라야. 그리고 난 글 나라의 이발사지."

현수는 아저씨의 말을 듣고 주변을 두리번거렸어요. 한 번도 와 본 적이 없는 낯선 곳이었어요.

"자, 나와 함께 이곳 구경을 해 볼 테냐?"

아저씨는 어리둥절해 하는 현수를 사람들이 가득한 광장으로 휙 데려갔어요. 그런데 그곳은 이상하게도 너무 조용했어요. 가만히 보니 거기 있는 사람들은 모두 말을 하지 않고 서로 몸짓만 주고받았어요. 아마도 몸짓으로 자기 생각을 전하려는 것 같았어요.

"사람들이 왜 말을 안 하고 저렇게 몸짓으로만 주고받고 있어요?"

현수는 사람들의 행동이 너무 답답해 보여서 아저씨에게 물었어요.

"이곳은 말과 글이 필요 없다고 생각하는 사람들만 있는 곳이거든."

그때 현수의 배에서 꼬르륵 소리가 났어요. 현수는 배를 움켜쥐고 배고픈 시늉을 했어요. 그러자 아저씨가 현수의 배를 쓰다듬어 주었어요.

"아이참, 아픈 게 아니라 배가 고파요. 뭘 먹고 싶다고요."

그러자 아저씨가 껄껄 웃으며 말했어요.

"말이 없다면 정말 불편하겠지?"

"쳇, 그건 저도 안다고요. 하지만 글은 정말 왜 써야 하는지 모르겠어요."

"말은 필요하지만 글은 중요하지 않다고? 그러면 말만 하는 사람들을 만나 볼까?"

"네."

현수는 계속 여기 있다간 자기도 말을 할 수 없게 될지도 모른다는 생각에 빨리 떠나고 싶었어요.

말과 글의 중요성

 선생님, 말과 글이 왜 중요해요?

 만약에 우리가 말을 할 수 없다면 어떤 일이 벌어질까요? 말을 하지 않고 얼마나 견딜 수 있을까요? 내 생각을 표정과 몸짓으로만 표현한다면 제대로 생각을 전달할 수 있을까요? 아마 엉뚱한 일이나 오해가 많이 생기고 불편할 거예요. 사람들의 생활에 말과 글은 꼭 필요해요. 그림이나 노래, 몸짓으로도 생각과 느낌을 표현할 수는 있어요. 하지만 말과 글만큼 자기 생각과 정보를 정확하게 표현하기는 어렵답니다.

 현수의 정리 노트

◉ 말과 글의 역할

① 자신의 생각과 느낌을 표현할 수 있어요.
② 대화를 통해 서로의 생각을 함께 나눌 수 있어요.
③ 멀리 있는 사람에게 자기 생각을 전할 수 있어요.
④ 지식과 지혜를 후세에 남겨 문명을 발전시킬 수 있어요.

동물 : 말 × 　문자 × 　　　문명이 뒤떨어졌어요.

원시인 : 말 ○ 　문자 ×

문명인 : 말 ○ 　문자 ○ 　　　문명이 발달했어요.

글쓰기 도전

1. 생활 주변에서 볼 수 있는 여러 가지 형태의 말과 글입니다. 그림과 어울리는 낱말을 알맞게 연결해 보세요.

·　　　　·　　　　·　　　　·　　　　·

·　　　　·　　　　·　　　　·　　　　·

공책　　　신문　　　안내판　　　편지　　　제품 설명서

2. 말과 글을 전달한 여러 가지 방법입니다. 가장 나중에 사용하기 시작한 방법의 번호를 괄호 안에 써 보세요.　　　　(　　　)

① 손으로 직접
써서 만든 책

② 신문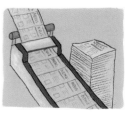

③ 그림 문자

④ 인터넷

3. 말의 중요성을 알려 주는 속담입니다. 속담과 그 뜻을 서로 어울리는 것끼리 연결해 보세요.

| 말 안 하면 귀신도 모른다. · | · 말만 잘하면 어떤 어려움도 해결할 수 있다. |

말 안 하면
귀신도 모른다. ·

· 말만 잘하면 어떤
어려움도 해결할 수 있다.

말 한마디에
천 냥 빚도 갚는다. ·

· 속마음을 말하지 않으면
아무도 모른다.

낮말은 새가 듣고
밤말은 쥐가 듣는다. ·

· 같은 내용의 말이라도
말을 어떻게 하느냐에 따라
다르게 들린다.

아 다르고 어 다르다. ·

· 말을 늘 조심해야 한다.

말은 해야 맛이고
고기는 씹어야 맛이다. ·

· 늘 말하던 것이 사실대로
되었을 때 하는 말이다.

말이 씨가 된다. ·

· 마땅히 할 말은 해야
그 효과가 있다.

4. 아래 [보기]와 같이 첫소리와 그림으로 연상되는 낱말과 속담을 알아
맞혀 써 보세요.

[보기]

 ㅇㅅㅇ도 ㄴㅁㅇㅅ 떨어진다. ➡ 원숭이도 나무에서 떨어진다.

 ㅁㅈㄱ ➡ 무지개

① ㄱㄱㅁ

 ➡

② ㄱㄹ ㅆㅇ에 ㅅㅇㄷ ㅌㅈㄷ.

 ➡

③ ㄷㄷㄹ도 ㄷㄷㄱ ㅂㄱ 건너라.

 ➡

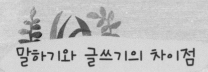

말하기와 글쓰기의 차이점

글 나라로 간 현수

"아저씨, 여긴 너무 시끄러워요. 왜 저렇게 크게 소리를 질러요?"

아저씨를 따라온 현수 앞에 큰 다리가 나타났어요. 그런데 다리 주변이 매우 시끄러웠어요. 다리 양쪽에서 사람들이 서로 고함을 치고 있었거든요. 다리 주변에는 무슨 말인지 알 수 없는 메아리 같은 소리만 웅성웅성 울렸어요.

"뭐라고? 너무 멀어 잘 들리지 않아. 아이, 답답해. 좋은 방법이 없을까?"

현수 옆에서 고함을 치던 빨간 모자 아저씨가 바닥에 털썩 주저앉으며 말했어요.
그때 이발사 아저씨가 종이를 꺼내 뭔가를 휘갈겨 썼어요.

"자, 이걸 건너편에 있는 저 사람에게 보여 줘."

현수가 후다닥 달려가 종이를 보여 주자 그 사람은 고개를 끄덕이며 좋아했어요.
그제서야 빨간 모자 아저씨와 건너편 아저씨는 웃으며 다리를 떠났어요.

"가까이 있으면 금방 말을 주고받을 수 있어서 서로의 생각이나 의견을 쉽게 알 수
있지만 먼 곳에 살고 있거나 떨어져 있으면 생각을 전달하기가 힘들겠지."

이발사 아저씨는 하하 웃으며 건너편 사람에게 쓴 글을 현수에게 보여 주었어요.

"오늘은 바쁜 일이 있으니 내일 여기서 다시 만납시다."

현수는 그제야 사람들의 행동이 이해되어 고개를 끄덕였어요.

"글을 읽으니 다른 사람의 생각을 금방 알 수 있네요. 아하, 그래서 사람들이 자기 생각이나 감정을 다른 사람에게 전달하려고 글을 쓰는구나! 히히."

신 나게 떠드는 현수를 보며 아저씨가 빙그레 웃었어요.

"현수야, 방금 전에 네가 했던 말을 똑같이 해 볼래?"

"음, 똑같이 말하기는 어려워요. 녹음을 하거나 글로 쓰면 가능하지만. 말은 하는 순간 사라져 버리니까요."

"바로 그게 말과 글의 차이점이란다."

현수는 웃고 있는 아저씨에게 처음 만난 순간부터 궁금했던 것을 물었어요.

"그런데 아저씨는 무슨일을 하세요?"

"으하하, 마법의 글 나라에 하나뿐인 이발사라고 했잖니?"

"그럼, 왜 글 나라에 살고 계세요?"

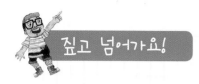 

말과 글의 차이점

 글이 없으면 안 되는 이유에 대해 알고 싶어요.
그리고 말하기와 글쓰기의 차이점은 뭐예요?

 옛날 사람들의 생각과 지혜는 오래된 벽화나 옛날 책을 보고 알 수 있어요. 그리고 먼 곳에 있는 친구들과 편지나 이메일, 문자 등을 통해 소식을 나눌 수 있지요. 말은 하는 순간 사라져 버리지만, 기록된 글은 오래 두고 언제 어디에서나 볼 수 있어요. 이것이 말과 글의 차이점입니다. 글은 말의 부족한 점을 채우기 위해 만들어졌어요.

 ## 현수의 정리 노트

⚙ 글로 쓰면 좋은 점

① 말로 할 수 없는 내용을 잘 전달할 수 있고 오래 기억할 수 있습니다.
② 말이나 그림으로 표현하기 어려운 부분을 정확하게 나타낼 수 있습니다.
③ 자세하고 분명하게 자기 생각을 드러낼 수 있습니다.

⚙ 글로 내 생각을 전달하는 법

① 읽을 사람이 이해하기 쉽게 씁니다.
② 읽을 사람이 기분 나쁘지 않도록 예의 바른 말투로 씁니다.
③ 자신의 생각을 분명하고 정확하게 씁니다.
④ 전달하고 싶은 내용과 함께 그 까닭을 씁니다.

글쓰기 도전

※ 그림을 보고 글을 쓸 때 주의해야 할 점으로 맞는 내용을 각각 [보기]에서 찾아 번호를 써 보세요.

1. 글을 쓸 때는 읽는 사람마다 다르게 생각하지 않도록 ▢▢▢▢▢▢▢▢ 써야 합니다. 애매하게 쓰면 읽는 사람마다 각자 다르게 해석할 수 있습니다.

[보기]　① 자세하고 정확하게　　　　② 쉽고 재미있게

2. 글을 쓸 때는 ▢▢▢▢▢▢▢▢▢▢ 알맞은 내용과 예의 바른 말투로 써야 합니다.

[보기]　① 쓰는 사람 생각대로　　　　② 읽는 사람을 생각하면서

이발사 아저씨의 사연

"이제부터 내 이야기 한번 들어 볼래?"

아저씨가 커다란 나무 사이로 성큼성큼 걸어가다가 주변을 휘 둘러보았어요. 그러자 신기하게도 대나무가 빼곡하게 들어차더니 갑자기 조용해졌어요. 그때 무슨 소리가 들려왔어요. 귀 기울여 들어 보니 노랫소리였어요.

"임금님 귀는 당나귀 귀, 임금님 귀는 당나귀 귀."

"아, 이 노래는……."

"바로 그 옛날 이야기에 나오는 이발사가 바로 나란다."

"정말요?"

"하고 싶은 말을 못 해 난 너무 힘들었어. 그러다 끝내는 병이 났지."

아저씨가 눈물을 흘렸어요.

"하고 싶은 말을 못 할수록 말하고 싶은 마음이 더 커질 것 같아요."

현수는 아저씨가 불쌍했어요.

스치는 바람이 차갑게 느껴질 무렵, 현수의 눈앞에 커다란 벽이 여러 개 나타났어요. 벽은 온통 글자투성이였어요.

아저씨가 말했어요.

"여기가 어떤 곳인지 궁금하지? 이곳은 '마법의 글 나라'라는 이름답게 글쓰기에 필요한 읽을거리와 배울 것들이 모두 모여 있는 곳이지."

아저씨가 글자로 가득한 벽을 신기한 듯 살피는 현수를 보며 말했어요.

"현수야, 너를 만나 기뻤단다. 이제 너 혼자서도 잘할 수 있을 거야."

이상한 예감에 현수는 아저씨의 손을 꼭 잡았어요. 그러나 아저씨는 현수의 손을 살짝 뿌리치며 말했어요.

"나하고 주고받은 말을 하나하나 떠올리면 너 혼자서도 여기서 신 나는 모험을 할 수 있어."

말을 마친 아저씨는 눈 깜짝할 사이에 현수의 눈앞에서 사라져 버렸어요.

"아저씨! 나 혼자 뭘 어떻게 해요?"

현수는 크게 소리쳤어요. 멀리서 아저씨의 목소리가 메아리가 되어 돌아왔어요.

"이곳에 너를 데려오는 것으로 내 역할은 다 했단다. 나중에 또 만나자."

"어떻게 만나요? 언제요?"

현수는 갑작스럽게 혼자가 돼 어쩔 줄 몰랐어요. 어디선가 시원한 바람이 불어와, 현수의 뺨을 부드럽게 어루만졌어요. 우두커니 서 있던 현수는 용기가 생겼어요.

"마법의 글 나라? 어떤 곳일까?"

글을 쓰는 이유

선생님, 사람들은 왜 글을 쓸까요?

사람들은 자신의 생각이나 느낌을 다른 사람에게 알리고 싶어 합니다. 그래서 말이나 글로 의견이나 감정을 드러내지요. 만약에 자신의 생각을 말할 수 없다면 어떨까요?

옛날, 어느 나라에 귀가 당나귀처럼 커져 버린 왕이 있었어요. 왕의 이발사는 왕의 귀가 당나귀 귀처럼 커진 사실을 알았지만 아무에게도 말하지 못했어요. 이발사는 평생 그 사실을 말하지 못하다가 죽기 전에야 대나무를 향해 "우리 임금님 귀는 당나귀 귀 같다."라고 외쳤어요. 그 뒤부터 바람이 불면 대나무 숲에서 "우리 임금님 귀는 당나귀 귀 같다."라는 소리가 났다고 해요. 하고 싶은 말을 참는 게 얼마나 어렵고 괴로운지 알려 주는 이야기예요.

현수의 정리 노트 ⌒⌒⌒⌒⌒⌒⌒⌒⌒⌒⌒⌒⌒⌒⌒⌒⌒⌒⌒⌒

◉ 글을 쓰는 이유

① 여러 가지 지식이나 정보를 전달할 때 씁니다.
② 다른 사람에게 자신의 의견을 설명하고 이해시킬 때 씁니다.
③ 자신의 생각이나 감정을 나타낼 때 씁니다.
④ 오랫동안 기억할 내용을 씁니다.

더 알아보기

경문왕의 귀 설화 : 〈임금님 귀는 당나귀 귀〉, 〈경문대왕의 귀〉라고도 해요. 신라 시대 경문왕은 임금 자리에 오른 뒤에 갑자기 귀가 길어져서 당나귀 귀처럼 되었어요. 아무도 그 사실을 몰랐지만 왕의 머리에 쓰는 복두(관)를 만들거나 고치는 일을 하던 복두장이만은 알고 있었다고 해요.

1. 글은 우리 생활에 많은 도움을 줍니다. 글의 종류에 가장 알맞은 설명을 찾아 연결해 보세요.

안내판

·   · 축하하는 마음을 간단히 전해요.

제품 설명서

·   · 인터넷을 통해 편지를 주고받아요.

신문

·   · 정기적으로 새로운 정보나 소식을 얻을 수 있어요.

이메일

·   · 제품을 사용하는 방법을 알 수 있어요.

생일 카드

·   · 위치나 정보를 알 수 있어요.

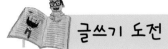

글쓰기 도전

2. 같은 풍경을 보아도 사람마다 느끼는 감정이나 생각이 다를 수 있어요. 아래 그림을 보고 쓴 두 가지 글을 읽고 차이점을 생각해 보세요.

제목 : 비 오는 날

2학년 1반 오희경

학교가 끝날 무렵 갑자기 비가 내리기 시작했다. 우산을 준비하지 못한 나는 엄마가 오기를 기다렸다. 한참 시간이 지난 후에야 엄마가 할머니 댁에 가신 것이 생각났다.

"어, 아무도 없네. 다들 집에 갔네. 빨리 뛰어서 가야겠다."

비에 옷이 젖자 처음에는 기분이 나빴다. 그래서 더 열심히 빨리 뛰었다. 그러다가 그만 물웅덩이에 발이 빠지고 말았다.

"에이, 이게 뭐야?"

운동화에 물이 들어가고, 온몸은 흠뻑 젖고 말았다. 그런데 이상하게 입가에서 웃음이 비실비실 삐져나왔다.

그때였다.

"야, 너 뭐해? 딱 비에 젖은 생쥐 꼴인데?"

우산에 장화까지 신은 현수가 비에 흠뻑 젖은 나를 바라보며 놀리는데도 나는 자꾸만 웃음이 나왔다. 흐흐흐.

제목 : 비 오는 날

2학년 1반 정현수

　학교가 끝날 무렵에 갑자기 비가 내렸다. 하지만 나는 걱정이 없었다. 우산이 없는 아이들 사이에서 나는 선물로 받은 새 우산이랑 장화를 느긋하게 신었다. 3교시가 끝났을 때 엄마가 오셔서 주고 가셨기 때문이다. 엄마를 기다리는 아이들 사이를 지날 때는 우쭐한 마음도 들었다. 내리는 비를 바라보며 집으로 천천히 걸어가고 있었다.

　그런데 내 등 뒤에서 '철퍼덕'하는 소리와 함께 웃음소리가 들렸다. 뒤를 돌아보니, 비에 흠뻑 젖은 희경이였다. 그런데 생쥐 꼴을 한 희경이는 뭐가 그렇게 즐거운지 웃고 있었다.

　나는 문득 희경이의 웃는 모습을 보고 부럽다는 생각이 들었다. 하지만 그런 내 마음을 희경이가 알까 봐 얼른 표정을 숨겼다.

비 오는 날에 있었던 일을 글로 써 보세요.

제목 : 비 오는 날

학년　　반

1. [보기]와 같이 낱말 묶음에 어울리지 않는 낱말을 찾아 써 보세요.

> [보기]
>
> 사자 호랑이 금붕어 곰 ➡ 금붕어
>
> 사탕 동전 빵 김밥 ➡ 동전

① 참새 비둘기 독수리 토끼 ➡ _____

② 수저 연필 공책 지우개 ➡ _____

③ 수박 해수욕장 썰매 선풍기 ➡ _____

④ 버스 비행기 자동차 기차 ➡ _____

⑤ 치마 바지 수건 양말 ➡ _____

⑥ 사과 감자 배추 양파 ➡ _____

2. [보기]를 잘 보고 낱말 묶음을 대표하는 말을 써 보세요.

[보기]
축구 야구 배구 ➜ 운동

연필 공책 필통 ➜ 학용품

① 소나무 대나무 감나무 ➜ _____

② 호랑이 곰 다람쥐 ➜ _____

③ 민들레 해바라기 장미 ➜ _____

④ 참치 상어 잉어 ➜ _____

⑤ 수박 딸기 사과 ➜ _____

⑥ 양파 감자 시금치 ➜ _____

문장 부호의 탄생

문장의 끝에는 쓰임에 알맞게 문장 부호를 써야 해요. 문장 끝에 쓰는 문장 부호에는 마침표(.), 느낌표(!), 물음표(?) 등이 있어요. 이러한 문장 부호가 어떻게 생겨났는지 확실하지는 않지만, 여러 가지 이야기가 있어요.

그중 물음표와 느낌표의 유래에 대한 재미있는 이야기가 있어요. 프랑스의 작가 빅토르 위고는 '장발장'이라는 젊은이가 빵 한 조각을 훔친 죄로 감옥에서 살아야 했던 이야기를 담아 《레 미제라블》을 썼어요. 《레 미제라블》은 빅토르 위고가 거의 평생에 걸쳐 구상하고 집필하여 완성한 작품이었어요.

《레 미제라블》을 출판사에 보낸 뒤, 그는 사람들의 반응이 몹시 궁금했어요. 그래서 출판사 사장에게 편지를 보내기로 마음먹었지요. 하지만 한편으로는 "내 작품 어떻게 됐어?"라고 사람들의 반응을 묻는 것도 창피했고, 어떤 대답을 들을지 몰라 두려웠어요. 빅토르 위고는 궁리 끝에 고개를 숙이고 뭔가를 골똘히 생각하는 사람의 모습을 '?'로 표현해서 보냈어요. 그러자 출판사 사장은 재치 있게도 '놀라서 펄쩍 뛸 정도의 반응이다.'라는 뜻의 '!'를 답장으로 보냈다고 합니다.

마침표의 유래에 대한 이야기도 있어요. 과거 서양에서는 주로 만년필을 사용했어요. 그런데 그 당시의 만년필은 오래 쓰다 보면 잉크가 잘 나오지 않았답니다. 이럴 때 만년필을 잠시 누르고 있으면 다시 잉크가 나왔는데, 이렇게 해서 생긴 잉크 점이 마침표가 되었다고도 전해진답니다.

글을 잘 쓰려면
어떻게 해야 하나요?

낱말 뜻을 꼭 알아야 하나요?

"우아, 모르는 말이 너무 많아. 도무지 읽을 수가 없어."

신문을 들여다보던 현수가 투덜거렸어요.

"누나, 이게 무슨 뜻이야?"

누나에게 도움을 청해 봤지만 누나는 들은 척도 않고 텔레비전만 봤어요.

현수는 엄마에게 달려가며 소리쳤어요.

"엄마, 경기 불황이 뭐야? 경, 기, 불, 황!"

"엄마도 정확하게 설명하기 곤란하네. 국어사전을 찾아보렴."

"국어사전? 국어사전은 어떻게 찾는데요?"

엄마가 건성으로 대답하는 것 같아 현수는 약간 짜증이 났어요. 사실은 국어사전 찾는 방법을 몰랐으니까요.

텔레비전을 보며 깔깔거리는 누나에게도 괜히 화가 났어요.

"누나는 낱말 뜻도 모르면서 텔레비전만 보면 뭐해?"

"뭐라고?"

누나는 그제야 무슨 일이냐는 표정으로 현수를 쳐다보았어요.

"누나! '기부'가 무슨 뜻이야?"

누나는 한참 생각하다가 우물거리며 대답했어요.

"남에게 주는 거? 그래, 그런 뜻이야."

현수가 미심쩍은 표정으로 바라보자, 누나는 금방 자신 없는 얼굴이 되어 현수 옆으로 슬그머니 다가왔어요.

현수는 누나와 함께 신문을 읽어 보았어요. 뜻을 모르는 낱말이 여기저기 눈에 들어왔어요.

"우아, 어렵다."

"대체 이게 무슨 말이야?"

옆에 있던 엄마가 국어사전을 현수의 손에 들려 주었어요.

"엄마, 신문에 있는 낱말은 너무 어려워요."

"읽는 사람에 맞는 낱말을 선택해서 내용을 썼기 때문이야."

"낱말에도 나이가 있나요?"

엄마는 엉뚱한 질문을 하는 현수의 볼을 장난스럽게 살짝 꼬집었어요.

"신문을 읽는 사람들이 주로 어른이잖니? 신문을 읽을 정도의 사람들이 알 수 있을 만한 낱말로 기사를 썼다는 얘기지."

"아하, 그래서 어린이가 읽는 신문이 따로 있는 거구나."

엄마는 열심히 국어사전을 찾고 있는 현수와 누나에게 말했어요.

"참, 그런데 현수야. 선생님은 왜 어른들이 보는 신문으로 낱말 숙제를 내셨을까?"

TIP
• 여러분도 모르는 낱말이 많다고요?
• 국어사전 찾기에 도전해 보세요. 찾는 방법을 모른다고요?
• 사전에 실려 있는 순서대로 자음과 모음을 외워 볼까요?

ㄱㄲㄴㄷㄸㄹㅁㅂㅃㅅㅆㅇㅈㅉㅊㅋㅌㅍㅎ
ㅏㅐㅑㅒㅓㅔㅕㅖㅗㅘㅙㅚㅛㅜㅝㅞㅟㅠㅡㅢㅣ

'괴로운'은 왜 국어사전에 없나요?

국어사전 찾기는 생각보다 어려웠어요. 국어사전에 안 나오는 낱말도 있었어요. 현수는 머리가 지끈지끈 아팠어요.

"이발사 아저씨, 제발 도와주세요."

현수는 책상에 엎드려 처음 아저씨를 만난 날을 생각했어요.

'어떻게 해야 아저씨를 다시 만날 수 있을까?'

"이 녀석아, 숙제 하다 말고 잠이 들면 어떻게 해?"

아저씨의 목소리에 현수는 벌떡 일어났어요. 그새 잠이 들었나 봐요. 현수는 반가운 마음에 아저씨의 품에 덥석 안겼어요. 그리고는 조그맣게 말했어요.

"아저씨! 국어사전 찾기가 너무 어려워요."

현수가 말을 마치고 고개를 들어 보니 '국어사전 찾기'라는 큰 안내판이 보였어요. 현수는 안내판의 내용을 소리 내어 여러 번 읽었어요.

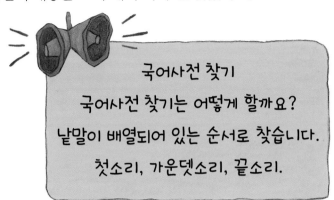

국어사전 찾기
국어사전 찾기는 어떻게 할까요?
낱말이 배열되어 있는 순서로 찾습니다.
첫소리, 가운뎃소리, 끝소리.

"아하, 국어사전은 이렇게 찾는 거구나."

안내판을 읽은 현수가 주변을 둘러보자, 어느새 여러 대의 마차가 와 있었어요. 그리고 발 달린 여러 개의 낱말들이 마차에 먼저 타려고 시끌시끌, 티격태격하고 있었어요.

여기저기에 흩어져 있던 낱말들은 확성기에서 흘러나오는 소리를 듣고서야 각자 타야 할 마차에 올랐어요.

낱말들을 태운 마차는 어디론가 총총히 사라졌어요. 현수도 마차를 타고 낱말들을 따라가 보고 싶었어요.

"아저씨, '괴로운'은 어떻게 찾아요? 사전에는 '괴롭다'만 나와 있어요."

"낱말을 찾을 때는 기본형으로 찾아야 한단다."

현수가 잘 모르겠다는 듯 고개를 갸우뚱거리자, 아저씨는 다시 천천히 설명했어요.

"내 말을 잘 들어 봐. '보면, 보고, 보아서'는 모두 국어사전에 나오지 않는단다. 이 낱말들을 알아보려면 기본형을 알아야 하는데, 낱말 중 변하지 않는 부분에 '-다'를 붙인 것이 기본형이란다."

"아! 알겠어요. '보'에 '-다'를 붙인 '보다'가 기본형이에요. 국어사전에서 이것을 찾아야 한다는 거죠?"

그때 낱말들이 다투는 소리가 들렸어요.

"내가 먼저야. 난 첫소리가 'ㄱ'이라고. 고래."

"나도 첫소리가 'ㄱ'이야. 가발."

"아이참, 첫소리가 같을 때는 가운뎃소리로 순서를 정하고, 그 다음엔 끝소리로 순서를 정해야 한다고요."

국어사전 찾기

선생님, 책을 읽다가 뜻을 모르는 낱말이 나오면 어떻게 해요?

그때는 국어사전을 찾아보세요. 책과 신문을 읽거나 텔레비전을 보다가 뜻을 모르는 낱말이 있으면 국어사전을 찾아보고 뜻을 확인하세요. 어휘력도 높아지고 내용을 바르게 이해할 수 있어요. 또 낱말이 실리는 순서를 알아 두면 국어사전을 찾을 때 편리하답니다.

- 첫소리 : ㄱ ㄲ ㄴ ㄷ ㄸ ㄹ ㅁ ㅂ ㅃ ㅅ ㅆ ㅇ ㅈ ㅉ ㅊ ㅋ ㅌ ㅍ ㅎ
- 가운뎃소리 : ㅏ ㅐ ㅑ ㅒ ㅓ ㅔ ㅕ ㅖ ㅗ ㅘ ㅙ ㅚ ㅛ ㅜ ㅝ ㅞ ㅟ ㅠ ㅡ ㅢ ㅣ
- 끝소리 : ㄱ ㄲ ㄴ ㄷ ㄹ ㅁ ㅂ ㅅ ㅆ ㅇ ㅈ ㅊ ㅋ ㅌ ㅍ ㅎ

현수의 정리 노트

🌀 국어사전 찾는 방법

① 낱말이 배열되어 있는 순서로 찾습니다. 우리말은 첫소리와 가운뎃소리, 끝소리로 이루어져 있습니다.

> **예) 찾는 낱말 : 떡**
> 첫소리 → ㄸ   가운뎃소리 → ㅓ   끝소리 → ㄱ

② 동사와 형용사는 기본형으로 찾습니다. 동사나 형용사를 여러 가지로 변화시켜 보고, 낱말이 변하지 않는 부분에 '-다'를 붙인 것이 기본형입니다.

③ 표준어로 찾습니다.

> **예) 찾는 낱말 : 쌓아서**
> '쌓고', '쌓아서', '쌓으려고' 등 여러 가지 형태로 변화시켜 본다.
> 여기서 변하지 않는 부분인 '쌓'에 '-다'가 붙은 '쌓다'가 기본형이다.

글쓰기 도전

1. 낱말 묶음의 낱말들을 국어사전에 실린 순서대로 다시 써 보세요.

① 가방 아기 만화 달님 → _____

② 복도 부자 반지 붕어 → _____

③ 할머니 우리 그네 나비 → _____

2. 국어사전에서 찾아야 할 기본형 낱말에 동그라미 표시를 해 보세요.

① 알고   알아서   알다   알았다   알려고

② 앉아서   앉고   앉다   앉았다   앉으려고

③ 맡다   맡아서   맡으니   맡아서   맡았다   맡으려고

④ 읽다   읽다가   읽어서   읽으니   읽었다   읽으려고

3. 아래 낱말들은 첫소리가 같은 낱말들입니다. 국어사전에 실리는 순서대로 써 보세요.

그네   공장   가난하다   교육   기차   거미   규칙   겨울   가슴

→ _____

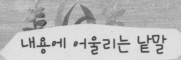

'다른 것'과 '틀린 것'은 같나요?

신기한 낱말 마차는 현수와 아저씨를 태우고 어디론가 한참을 달렸어요. 따뜻하고 향기로운 바람이 불어왔어요. 낱말 마차가 도착한 곳은 파도가 출렁이는 바닷가였어요. 그런데 그곳에는 금빛 모래 위에 검은 조약돌이 많이 펼쳐져 있었어요. 현수는 처음 보는 신비로운 바닷가 풍경에 감탄했어요.

"신기해요. 이렇게 조약돌이 가득한 바다는 처음 봐요. 어떻게 이럴 수가 있죠? 그 이유가 뭔지 궁금해요, 아저씨가 가리켜 주세요."

조약돌이 펼쳐진 바닷가의 모습에 놀란 현수는 아저씨에게 물었어요.

"가, 리, 켜, 달라고?"

하지만 아저씨는 어리둥절한 표정으로 현수에게 되물을 뿐이었어요.

"네. 가, 리, 켜, 주세요. 제가 모르는 것을 알려 달라고요."

현수는 자신 있는 목소리로 다시 한 번 말했어요.

그러자 아저씨는 말없이 손가락으로 조약돌을 가리켰어요. 그리고는 손가락으로 조약돌을 가볍게 톡톡 쳤어요.

"현수야, 내가 지금 뭐하고 있지?"

그제야 현수는 자기가 낱말을 잘못 사용했다는 것을 알았어요.

"아아, 손가락으로 물건을 짚어 보일 때는 '가리키다', 모르는 것을 알려 줄 때는 '가르치다'인 거죠?"

현수는 낱말 뜻을 스스로 구분했다는 뿌듯함에 박수를 쳤어요.

"하하, 제가 낱말을 다르게 말했지요?"

아저씨가 현수에게 한쪽 눈을 찡긋해 보였어요.

"아니구나, 틀리게 말했어요. 아이, 어려워라."

대답하는 현수의 얼굴이 빨개졌어요.

"저는 배운 걸 잘 잃어버려요. 아니, 잊어버려요."

현수의 얼굴이 더욱 빨갛게 변했지만 아저씨는 모른 척했어요.

아저씨가 말했어요.

"낱말을 정확하게 쓰지 않으면 자신의 생각을 제대로 전달할 수 없단다."

"네, 주의해야겠어요."

현수는 힘없이 대답했어요. 자꾸 낱말을 제대로 쓰지 못하는 자신이 부끄러웠어요. 글 나라 여행이 고단했는지 잠이 쏟아졌어요. 현수는 집에 가고 싶었어요.

알맞은 낱말 사용하기

 '작다'와 '적다'처럼 비슷해 보이지만 잘못 사용하면 뜻이 달라지는 낱말이 있어요. 어떻게 써야 하나요?

 내용을 바르고 정확하게 전달하려면 알맞은 낱말을 골라 사용해야 합니다. 예를 들면 '밥이 적다'와 같이 양을 나타낼 때는 '적다'를 쓰고, '키다 작다'와 같이 길이나 크기 등을 나타낼 때는 '작다'를 씁니다. 비슷해 보이지만 뜻이 다른 낱말을 잘 구별해서 사용해야 자신의 의견을 제대로 전달할 수 있어요.

현수의 정리 노트

● 헷갈리기 쉬운 낱말

작다 – 크기가 **작다**.
적다 – 양이 **적다**.

가르치다 – 국어를 **가르치다**.
가리키다 – 손가락으로 물건을 **가리키다**.

부치다 – 편지를 **부치다**.
　　　　　 부채를 **부치다**.
붙이다 – 봉투에 우표를 **붙이다**.
　　　　　 불을 **붙이다**.

잃어버리다 – 물건을 **잃어버리다**.
잊어버리다 – 기억을 **잊어버리다**.

반드시 – **반드시** 시간 약속을 지킨다.
반듯이 – 몸을 **반듯이** 세우다.

다르다 – 남자와 여자는 **다르다**.
틀리다 – 그 답은 **틀리다**.

글쓰기 도전

1. [보기]와 같이 괄호 안에서 문장에 어울리는 낱말을 골라 동그라미 표시를 해 보세요.

> [보기]　내 짝은 나보다 키가 (큽니다, 높습니다).

① 아이들 중에는 몸집이 **(작은, 적은)** 아이도 있습니다.

② 내 가방과 친구의 가방은 크기가 **(다릅니다, 틀립니다)**.

③ 색종이를 곱게 접어서 풀로 **(붙입니다, 부칩니다)**.

④ 의자를 앉을 때에는 허리를 **(반드시, 반듯이)** 펴야 합니다.

⑤ 산에서 길을 **(잃어버려, 잊어버려)** 한참을 헤맸습니다.

바르게 읽기 나무

현수는 한참 동안 아무 말없이 앞만 보고 걸었어요.

힘없이 걷기만 하는 현수에게 아저씨가 빨간 사과 하나를 건네며 물었어요.

"너와 이 사과의 닮은 점은 뭐가 있을까?"

"그야 둥글다는 거죠."

아저씨의 물음에 현수는 시큰둥하게 대답했어요.

"그럼, 둥근 것을 보면 어떤 게 생각나니?"

이번에도 역시 현수는 재미없다는 얼굴로 대답했어요.

"글쎄요. 사탕, 해, 동전 같은 것들이요?"

아저씨가 현수를 물끄러미 보았어요.

53

"나랑 말꼬리를 이어 가는 꽁지 따기 놀이 해 볼래?"

현수는 아저씨의 말이 무척 반가웠어요. 놀이라면 무조건 재미있게 할 자신이 있었 거든요.

"네, 제가 먼저 시작할게요. 원숭이 엉덩이는 빨개, 빨가면……."

"빨가면 사과."

"사과는 맛있어."

"맛있으면 바나나."

"바나나는……, 어?"

그런데 어느 순간 옆에 있던 아저씨가 갑자기 사라졌어요.

"아저씨!"

현수는 이리저리 주위를 돌아다니며 아저씨를 찾아보았어요. 그러나 아저씨의 모 습은 어디에도 없었어요.

"아저씨, 또 저만 두고 가시면 어떻게 해요?"

그때 아저씨의 목소리가 커졌다 작아졌다 메아리처럼 들려왔어요.

"현수야, '바르게 읽기 나무'가 있는 초록 숲을 찾거라."

현수는 조금 전 집으로 돌아가고 싶다고 생각한 걸 후회했어요. 아저씨가 현수의 마음을 알아채고 떠난 걸까요? 혼자가 된 현수는 빠른 걸음으로 숲을 찾아 걸어갔어요. 좁은 오솔길을 따라가니 언젠가 본 듯한 숲이 나왔어요.

현수는 두려움 반, 호기심 반으로 숲에서 가장 큰 나무를 찾아 다가갔어요. 그리고 그 나무를 조심스레 만져 보았어요.

그러자 현수의 몸이 나무 속으로 쏙 빨려 들어갔어요.

"으아악!"

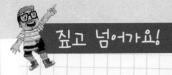

사물을 사람처럼 표현하기

 어떻게 사물을 사람처럼 표현할 수 있나요?

 사물과 사람을 잘 살펴보고 서로 닮거나 비슷한 점을 찾아보세요. 빨래집게를 잘 보면 사람의 치아 모양과 닮았어요. 그리고 단풍잎은 다섯 손가락과 닮았지요? 이처럼 어떤 사물의 모양이나 하는 일이 사람과 닮은 점을 찾아 표현해 보세요.

사물을 사람과 비슷하게 표현하거나 닮은 점을 찾다 보면 사물을 자세히 관찰하게 됩니다. 그러면 표현력이 늘고 글솜씨도 좋아질 뿐만 아니라, 글의 느낌도 살아납니다.

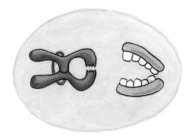

빨래집게와 치아의 모양이 비슷합니다.

단풍잎과 손가락 모양이 비슷합니다.

현수의 정리 노트

◉ 사물을 사람처럼 표현하면 좋은 점

① 동물이나 식물, 사물을 사람처럼 빗대어 표현하면 모양이나 상태를 보다 효과적으로 나타낼 수 있습니다.
② 사물을 사람처럼 나타내면 새로운 느낌이 들고 정답게 느껴집니다.

1. 두 그림을 보고 서로 닮은 점을 생각해 써 보세요.

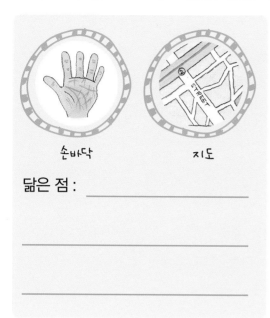

손바닥   지도

닮은 점 : _____

_____

_____

비행기   새

닮은 점 : _____

_____

_____

2. 그림의 낱말을 시작으로 꽁지 따기 말놀이를 해 보세요.

바다는 넓어.

넓으면 _____

_____

참외는 맛있어.

맛있으면 _____

_____

낱말 종이가 열린 나무

　현수는 키 작은 나무들이 가득한 곳까지 날아가 툭 떨어졌어요. 나뭇잎이 수북이 쌓인 곳에 떨어져서 그런지 아프지는 않았어요. 고개를 들어 보니 나뭇가지에는 열매 대신 낱말이 쓰인 붉은 종이들이 매달려 있었어요. 현수는 이상하고 신기해서 나뭇가지에 달린 낱말 종이를 읽었어요.

　"이건 '집'이라고 써 있네. 그리고 이건 '이', 이건 '구름', 이건 '사람', '은'이야."

　현수가 소리 내어 읽을 때마다 나뭇가지에는 새로운 낱말 종이가 하나씩 더 늘어났어요. 현수는 나뭇가지에 매달린 '집'이라는 종이를 떼어 냈어요.

앗, 그런데 이게 웬일일까요? 떼어 낸 낱말 종이는 씽하게 날아가 '이' 낱말 종이에 찰싹 달라붙어 '집이'라는 새로운 낱말 종이가 되었어요. 현수는 눈앞에서 일어난 일이 믿어지지 않았어요. 현수는 새로운 낱말 종이의 글을 크게 읽었어요.

"지비."

이렇게 읽자 '집이' 낱말 종이는 하늘 높이 팔랑거리며 날아갔어요. 그리고 하늘 저편에서 '참 잘했어요.'라는 소리가 울려 퍼졌어요. 이발사 아저씨의 목소리였어요.

현수는 이제야 아저씨가 들려준 '바르게 읽기 나무' 이야기가 생각났어요.

"아, 이 나무가 바로 바르게 읽기 나무였구나."

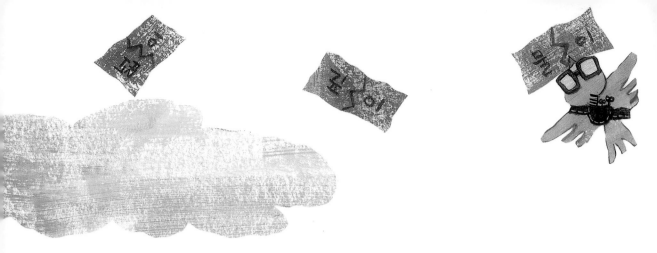

"받침이 없는 글자를 읽을 때는 원래 소리대로 읽어. 받침이 있는 글자는 뒤에 오는 글자의 첫소리의 영향을 받아 소릿값이 바뀌기도 한단다. 받침의 자음이 뒤에 오는 첫소리와 만나서 새로운 소리가 생기는 거지."

아저씨의 목소리가 바로 옆에 있는 것처럼 또렷하게 들렸어요.

현수는 무척 반갑고 고마워서 아저씨에게 들릴 만큼 큰 소리로 글자를 읽었어요.

"널비, 기피……. 아저씨, 들리세요? 저 잘하고 있지요?"

바르게 읽고 쓰기

 우리말은 쓸 때와 읽을 때가 다른 낱말들이 있어요. 어떻게 다른가요?

 우리말은 한 글자씩 읽을 때와 이어서 읽을 때 발음이 달라지는 낱말에 주의하여 읽고 써야 합니다. 특히 앞 글자의 받침과 뒤에 오는 글자의 첫소리에 주의합니다. 받침이 있는 글자는 뒤에 오는 글자의 영향을 받아, 읽을 때 받침을 자음으로 해서 읽어야 합니다. 예를 들면, '가족은'을 읽을 때는 '족'의 'ㄱ' 받침이 '은'을 만나 [근]이라고 소리 납니다. 따라서 [가조근]이라고 읽습니다. '좋아합니다'는 '좋'의 'ㅎ'이 'ㅇ'을 만나 [조아합니다]라고 읽습니다.

🌀 바르게 읽는 방법

① 받침이 없을 때
받침이 없는 낱말 '개나리'는 [개나리]라고 읽습니다.

② 받침이 있을 때
받침이 있는 낱말 '가을'은 [가을]이라고 읽습니다. 이때 뒤에 오는 글자의 첫소리의 영향을 받으면 발음이 달라지니 주의해야 합니다. 예를 들면, '가을이'라는 낱말을 읽을 때, '가을'의 받침 'ㄹ'이 '이'와 합쳐지면 '리'가 되어 [가으리]라고 읽습니다.

③ 겹받침일 때
겹받침이 있는 낱말 '넓이'를 읽을 때, '넓이'의 'ㅂ' 받침이 '이'와 합쳐져서 '비'가 되어 [널비]라고 읽어야 합니다.

④ 발음에 주의하기
쌍받침 'ㄲ'은 [ㄱ]으로, 'ㅆ'은 [ㄷ]으로, 그리고 받침 'ㅅ, ㅈ, ㅊ'은 [ㄷ], 'ㅋ'은 [ㄱ], 'ㅌ'은 [ㄷ], 'ㅍ'은 [ㅂ]으로 발음됩니다.

⑤ 받침 'ㅎ'과 격음화
받침 'ㅎ'은 그 뒤에 'ㄱ, ㄷ, ㅂ, ㅈ' 소리가 이어지면, 이들과 합해져 격음화됩니다. 격음화란 예사소리 'ㄱ, ㄷ, ㅂ, ㅈ'이 거센소리 'ㅋ, ㅌ, ㅍ, ㅊ'으로 바뀌는 현상입니다. 예를 들어 '좋고'는 [조코]로, '낳다'는 [나타]로, '쌓자'는 [싸차]로 읽히는 것이 격음화입니다.

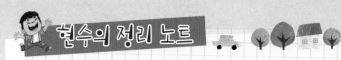

우리말의 올바른 발음법

우리말은 쓸 때와 읽을 때 같은 말도 있지만, 쓸 때와 읽을 때가 다른 말들이 있어요.

① 쓸 때와 읽을 때 같은 말
소나기 → [소나기]
어머니 → [어머니]
고드름 → [고드름]
선생님 → [선생님]
진달래 → [진달래]
도토리 → [도토리]
상추쌈 → [상추쌈]
모름지기 → [모름지기]

② 쓸 때와 읽을 때 다른 말
손가락 → [손까락]
초등학교 → [초등학꾜]
팔걸이 → [팔거리]
값어치 → [가버치]
해돋이 → [해도지]
권리 → [궐리]
앉아 → [안자]
놓고 → [노코]

 더알아보기

다음의 낱말은 발음에 주의하며 읽어야 해요.

좀 〈 [쫌](×)
　　 [좀](○)

고추 〈 [꼬추](×)
　　　 [고추](○)

거꾸로 〈 [꺼꾸로](×)
　　　　 [거꾸로](○)

일요일 〈 [일료일](×)
　　　　 [이료일](○)

글쓰기 도전

1. 아래 편지를 읽고 틀리게 쓴 낱말을 바르게 고쳐 써 보세요.

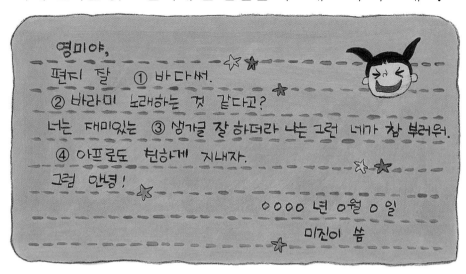

영미야,
편지 잘 ① 바다써.
② 바라미 노래하는 것 같다고?
너는 재미있는 ③ 생가글 잘 하더라 나는 그런 네가 참 부러워.
④ 아프로도 친하게 지내자.
그럼 안녕!

0000 년 0월 0일
미진이 씀

① 바다써. → _____   ② 바라미 → _____

③ 생가글 → _____   ④ 아프로도 → _____

2. 아래의 문장들 중 빨간색으로 표시된 부분을 바르게 고쳐 써 보세요.

① 드디어 기다리던 가족들과 가치 등산을 갓다.

→ _____

② 산에 있는 큰 나무와 자근 나무에 에쁘게 무리 들어 있었다.

→ _____

③ 가족들과 나무 미테 안자 밥을 먹었다.

→ _____

④ 기분이 매우 조았다.

→ _____

3. 다음 [보기]를 잘 보고 문장에서 틀린 낱말을 찾아 밑줄을 긋고 바르게 고쳐 써 보세요.

[보기] 정민이는 동생과 <u>가치</u> 사이좋게 놉니다. ➡ 같이

① 오늘은 내 생일이야, 노리터에 놀러 가자. ➡

② 하라버지, 집에 갈게요. ➡

③ 어머니의 엽짜리에 앉아 책을 읽었습니다. ➡

④ 꼭 은해를 갚을게요. ➡

⑤ 열람실에는 안자서 책을 읽는 사람도 있었습니다. ➡

⑥ 읽던 책을 제자리에 다시 꼬자 놓았습니다. ➡

뜻이 달라지는 낱말

토끼와 호랑이의 싸움

현수는 키 작은 나무들이 **빽빽한** 숲을 한참 걸었어요. 그런데 얼마나 걸었을까요?

나무 그늘 아래에 토끼와 호랑이가 앉아 있었어요. 현수는 반갑고 기쁜 마음에 후다닥 달려갔어요.

"얘들아, 안녕? 길을 잃었는데, 여기는 어디니?"

그런데 토끼와 호랑이는 현수를 쳐다보지도 않고 밤을 앞에 놓고 말다툼을 하고 있었어요.

"내가 구운 [밤:]이야. 그러니 내가 더 많이 가질 거야."

"왜 이래? 내가 주운 [밤:]이니까 내가 임자지."

귀를 쫑긋 세운 토끼는 뚱한 얼굴로 현수를 쳐다보며 말했어요.

"무슨 일이야? 우리는 지금 [밤:] 때문에 바쁘단 말이야!"

놀란 현수는 심통 난 토끼에게 말했어요.

"토끼야, 지금은 [밤:]이 아니고, 낮이잖아."

"너는 먹는 [밤:]과 깜깜한 [밤]을 구별하지 못하는구나."

"뭐라고?"

"지금 우리가 서로 가지려고 하는 이 [밤:]은 길게 읽어야 해."

현수의 얼굴이 빨갛게 달아오르자, 호랑이가 토끼를 말렸어요.

"토끼야, 그만해. 현수가 무안해 하잖아."

호랑이는 웃으면서 현수에게 손을 내밀었어요.

"현수야, 반가워. 여기는 소리는 같지만 뜻이 다른 낱말들을 모아 놓은 곳이야."

그제야 현수는 나뭇가지 여기저기에 똑같은 낱말의 종이가 두 장씩 붙어 있는 것을 보았어요.

'왜 같은 글자가 두 장씩 나무에 붙어 있을까?'

현수는 고개를 갸우뚱거렸어요.

"너를 기다리고 있었어. 같은 글자지만 서로 다른 뜻을 가진 낱말들을 찾아 네가 잘 구별할 수 있도록 도와주라고 이발사 아저씨가 부탁하셨거든."

호랑이가 말했어요.

이발사 아저씨라는 말에 현수는 금세 기분이 좋아졌어요.

"호랑이야, 토끼야. 정말 고맙고 반가워. 잘 좀 부탁해."

그런데 현수의 눈앞에 새로운 낱말 종이들이 나타났어요.

그건 여러 가지 뜻으로 쓰이는 낱말들이었어요.

"이 낱말들을 모두 어떻게 구별하지?"

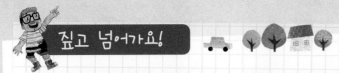

소리의 길이에 따라 뜻이 달라지는 낱말

말소리의 길이에 따라서 뜻이 달라지는 낱말과 한 낱말이 여러 가지 뜻으로 쓰이는 낱말에 대해 알고 싶어요.

우리말에는 글자는 같지만 말소리의 길이에 따라 뜻이 달라지는 낱말이 있어요. 길게 소리 나는 낱말에는 ':' 표시를 붙여 구분합니다. 소리의 길이에 따라 뜻이 달라지는 낱말을 살펴볼까요?

[눈] : 사람이나 동물의 얼굴에 있는 눈.
[눈:] : 하늘에서 내리는 하얀 솜 모양의 작은 얼음 조각.

[돌] : 아기가 태어난 날로부터 한 해가 되는 날.
[돌:] : 흙 따위가 굳어 만들어진 단단한 물질.

[사과] : 사과나무의 열매.
[사:과] : 잘못을 인정하고 용서를 구하는 것.

현수의 정리 노트

● 여러 가지 뜻을 가진 낱말

① 동음이의어

서로 뜻이 다른 여러 가지 낱말이 같은 소리를 가질 때 '동음이의어'라고 합니다. 국어사전에서는 낱말마다 설명이 따로 실려 있어요.

㉠ 말

• 말 : 사람을 태우거나 짐을 운반하는 데 쓰이는 동물. **예)** 말을 타고 달린다.
• 말 : 의미를 전달하는 사람의 소리. **예)** 언니는 말이 없다.

ⓛ 배
- 배 : 사람이나 동물의 몸.　**예)** 배가 고프다.
- 배 : 강이나 바다 등 물을 가로지를 때 이용하는 탈것.　**예)** 배를 타고 낚시를 했다.
- 배 : 배나무의 열매.　**예)** 배를 깎아 먹는다.

ⓒ 쓰다
- 쓰다 : 모자 따위를 머리 위에 얹다.　**예)** 햇볕이 따가워 모자를 쓴다.
- 쓰다 : 생각을 글로 나타내다.　**예)** 친구에게 편지를 쓴다.
- 쓰다 : 어떤 일을 하는 데 재료나 도구 등을 이용하다.　**예)** 청소를 할 때 걸레를 쓴다.

② 다의어
하나의 낱말이 두 가지 이상의 관련된 뜻으로 쓰일 때 '다의어'라고 합니다. 국어 사전에서는 낱말 설명에 작은 번호로 나누어 여러 가지 뜻을 설명해요.

㉠ 눈
- 물체를 볼 수 있는 감각 기관.　**예)** 눈이 초롱초롱하다.
- 시력.　**예)** 눈이 나빠 안경을 쓴다.
- 어떤 일을 평가하는 판단력.　**예)** 보는 눈이 정확하다.

ⓛ 손
- 사람의 팔목 끝에 달린 부분.　**예)** 두 손을 모아 기도하다.
- 어떤 일을 하는 데 드는 사람의 힘이나 노력, 기술　**예)** 그 일은 손이 많이 간다.

ⓒ 발
- 사람이나 동물의 다리 맨 끝 부분.　**예)** 축구공을 발로 차다.
- 걸음을 비유적으로 이르는 말.　**예)** 저 친구는 발이 빠르다.

ⓔ 귀
- 듣는 기능을 하는 감각 기관.　**예)** 귀에 귀고리를 하니 예쁘다.
- 다른 사람이 하는 말을 알아듣는 이해력.　**예)** 말귀가 밝다.
- 다른 사람이 하는 말에 대한 판단력.　**예)** 귀가 얇다.

글쓰기 도전

1. 아래는 소리의 길이에 따라서 뜻이 달라지는 낱말입니다. 길게 읽어
야 하는 낱말에 해당하는 그림에 동그라미 하세요.

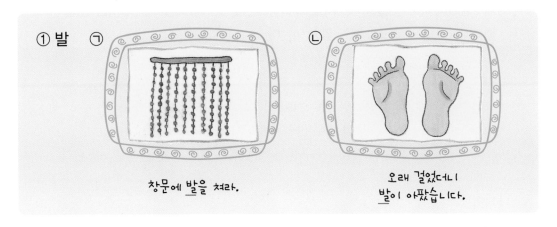

① 발　ㄱ

창문에 발을 쳐라.

ㄴ

오래 걸었더니
발이 아팠습니다.

② 벌　ㄱ

숙제를 하지 않아
벌을 받았습니다.

ㄴ

벌에 쏘여 퉁퉁
부었습니다.

③ 굴　ㄱ

두더지는 굴속에서 삽니다.

ㄴ

굴을 넣어서 담근
김치를 먹었습니다.

2. 여러 가지 뜻을 가진 낱말을 다의어라고 해요. 아래 제시된 낱말이 지닌 뜻과 그 낱말이 올바르게 쓰인 문장을 연결해 보세요.

① 풀

세찬 기세나 활발한 기운 ・

・ 종이에 풀을 발랐다.

한 해를 지내고 죽는 식물 ・

・ 꽃밭에 풀이 많이 났다.

무엇을 바르거나 붙이는 데 쓰는 끈끈한 물질 ・

・ 정현이는 풀이 죽은 목소리로 말했다.

② 타다

불이 붙어 벌겋게 타거나 불꽃이 일어나다. ・

・ 불이 나서 건물이 다 탔다.

탈것, 짐승의 몸 따위에 오르다. ・

・ 물에 미숫가루를 탔다.

다량의 액체에 소량의 액체나 가루 따위를 섞다. ・

・ 처음으로 비행기를 탔다.

1. 가로세로 낱말 퍼즐 판을 완성해 보세요. 또 국어사전을 찾아 완성된 퍼즐 판의 낱말 풀이를 해 보세요.

가로말 풀이

① _____

② _____

③ 우주의 공간을 비행하도록 만든 기계예요.

_____

세로말 풀이

㉠ _____

㉡ _____

㉢ 헌 옷이나 물건을 고쳐요.

_____

2. 가로세로 낱말 퍼즐 판을 완성해 보세요. 또 국어사전을 찾아 완성된 퍼즐 판의 낱말 풀이를 해 보세요.

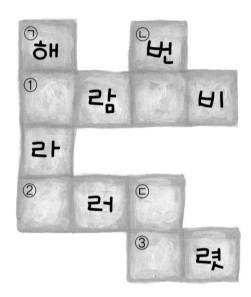

가로말 풀이

① _____

② _____

③ 움직이지 말고 몸을 반듯하게 하라는 구령이에요.

세로말 풀이

㉠ _____

㉡ 천둥과 친하고 비가 올 때 볼 수 있어요.

㉢ _____

한글을 만든 세종 대왕

세종 대왕은 조선의 제4대 임금으로 1397년에 태어났어요. 세종 대왕은 학문을 좋아하며 성품이 어질고 부지런했어요. 백성들의 생활에 깊은 관심을 가져 백성들이 편안해지는 정치를 하려고 했어요.

당시만 해도, 우리말을 옮길 우리글이 없어서 한자와 한문을 사용했어요. 복잡한 한자와 한문은 일반 백성들이 배우기에는 너무 어려웠어요. 글을 모르는 백성들은 억울한 일을 겪어도 제대로 호소할 수 없어 힘든 생활을 보냈지요. 백성들이 하고 싶은 말을 글로 쓰지 못하는 것을 안타깝게 여긴 세종 대왕은 우리글을 만들기로 결심했어요.

세종 대왕은 우리글을 중국의 한자보다 쉽게 익힐 수 있어야 한다고 생각했어요. 소리 나는 대로 적을 수 있는 문자를 만들기 위해 말을 할 때 변하는 사람의 입 모양을 살폈지요. 그 입 모양을 본떠 우리글의 기본 모양을 정했어요. 그리고 그것을 바탕으로 집현전의 여러 학자들과 함께 발음 기관과 하늘, 땅, 사람의 모양을 본떠서 우리글을 만들기 위해 노력했어요. 이러한 세종 대왕의 의지와 신숙주, 박팽년, 이개, 정인지, 성삼문 등 집현전 학자들의 노력으로 세계에서 가장 과학적인 글자인 훈민정음이 만들어졌어요.

1443년(세종 25년) 완성되어 1446년에 반포된 훈민정음은 '백성을 가르치는 바른 소리'라는 뜻이에요. 한글이라는 이름은 1910년대 초에 주시경 선생을 비롯한 학자들이 쓰기 시작한 것이에요.

이제 나도 잘
쓸 수 있어요!

 떡볶이를 만들어 볼까요?

'혼자 있으니까 너무 심심해. 뭐 하고 놀까?'

현수는 텅 빈 집에 혼자 있었어요. 엄마 아빠가 안성에 있는 친구분 댁에 가셨거든요.

"저녁 늦게 돌아올 것 같으니까 기다리지 말고 일찍 자렴."

엄마는 현수가 집에 혼자 있게 된 것을 미안해 했어요. 하지만 현수는 속으로 쾌재를 불렀어요.

'와! 신 난다. 텔레비전도 보고, 숨겨 둔 만화책도 마음껏 봐야지. 흐흐. 엄마 아빠, 제발 늦게 오세요.'

하지만 그것도 잠시였어요. 만화책도 금방 시들해졌고 텔레비전 보는 것도 지겨워졌어요. 엄마가 못 보게 할 땐 늘 조금이라도 더 보고 싶어서 안달이 났었는데……

시간은 오늘따라 더욱 느리게 갔어요. 점점 배가 고파 왔고, 현수는 저녁을 먹어야겠다고 생각했어요.

'냉장고에 뭐 없을까?'

냉장고 안을 살피던 현수는 가래떡을 찾았어요.

'야, 가래떡으로 떡볶이 만들어 먹으면 맛있겠다. 흠, 진주를 불러서 요리사 놀이 하자고 할까?'

현수는 진주에게 전화를 했어요.

"우리 집으로 빨리 와. 재미있게 놀면서 떡볶이 먹자!"

먹는 거라면 뭐든 좋아하는 진주는 흔쾌히 오겠다고 했어요. 식탁 위에 여러 가지 채소를 올려놓고 진주를 기다리던 현수는 아차 했어요.

'고추장이 어디 있더라? 떡볶이에 고추장이 없으면 안 되는데, 큰일 났네……'

그때 숨을 헐떡이며 진주가 왔어요.

"진주야, 어서 와! 넌 이
제부터 아나운서고, 난 유명
한 떡볶이의 달인 요리사야."

눈치 빠른 진주는 잽싸게
가래떡을 하나 집어 들고는 진
짜 아나운서처럼 말했어요.

"오늘의 요리 시간입니다. 딩
동! 떡볶이 달인 요리사를 모시게 되
어 영광이네요."

"하하, 네. 오늘은 어린이들이 좋아하는 떡볶이를 준비했어요."

"자, 무엇부터 할까요? 물을 끓일까요? 채소를 먼저 썰까요?"

활기차게 시작했던 현수는 차츰 기어드는 목소리로 우물거렸어요.

"근데 어떻게 만들어야 할지 몰라. 실은 처음이야."

"치, 요리하는 방법도 모르면서 무슨 요리사래?"

진주가 실망한 듯이 말했어요.

"엄마가 해 준 떡볶이를 먹기만 했거든."

"그럼 떡볶이 만드는 방법을 인터넷으로 찾아보자."

진주와 현수는 컴퓨터 앞으로 달려갔어요.

TIP
• 떡볶이를 만드는 방법을 친구들에게 알려 주고 싶은데, 어떻게 써야 할까요?
• 필요한 정보를 알리는 글은 어떻게 써야 할지 생각해 보세요.

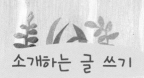
달인 표 떡볶이 만드는 법

    인터넷으로 찾은 정보와 진주의 도움으로 '달인 표 떡볶이'가 드디어 완성되었어요. 어렵게 만들었지만, 떡볶이는 정말 맛있었어요. 배가 부르도록 둘이서 맛있게 나눠 먹고 나서, 진주와 현수는 고민에 빠졌어요. 내일까지 자기가 좋아하는 음식에 대한 글을 써야 하는 숙제가 있었거든요. 진주가 집으로 돌아간 뒤 현수는 '떡볶이'에 대해 쓰기로 하고, 아까 인터넷으로 찾은 내용을 정리해 보았어요.

"먼저 '재료를 준비한다.'라고 써야겠지?"

현수는 요리 순서를 생각해 보았어요. 그런데 한참을 궁리해도 어떻게 써야 할지 몰랐어요. 현수는 이발사 아저씨의 도움이 간절했어요. 현수의 마음을 알아챈 걸까요? 갑자기 아저씨가 뽕 하고 눈앞에 나타났어요.

"날 찾았니?"

'아저씨는 어떻게 나에게로 오시는 걸까?'

현수는 놀란 눈으로 아저씨를 쳐다보았어요.

"와, 아저씨, 반가워요. 제가 간절하게 아저씨를 찾으면 오시는 거죠? 그렇죠?"

현수는 쓰다 만 공책을 들고 아저씨 앞에 흔들었어요.

"떡볶이에 대한 글을 써야 해요. 이게 급해요."

아저씨를 보자 빨리 집에 가고 싶어서 안달했던 지난 일이 생각나 죄송한 마음도 들었어요.

"아저씨, 지난번에 죄송했어요. 이번에는 엄살 부리지 않고 잘할게요."

"그래, 대견하구나. 떡볶이에 대한 글을 쓰려면 무엇부터 해야 할까? 이 글을 관심 있게 읽을 사람은 누구지?"

"제 친구들이요."

"네가 소개하거나 알려주고 싶은 건 뭐야?"

"제가 좋아하는 음식, 떡볶이 만드는 법이요. 아하, 알리는 글을 쓸 때는 누구에게 무엇을 알릴 것인지를 먼저 정해야 하는군요."

"오호, 눈치챘구나. 아주 잘하는데?"

현수는 아저씨가 칭찬하자 신이 나서 붕붕 떠다니는 기분 이었어요.

"내용에 알맞은 낱말을 사용하고, 중요한 내용을 간 추려 쓰면 된단다."

반짝반짝 빛나는 현수의 눈빛을 아저씨가 흐뭇하 게 보며 말했어요.

'이렇게 쓰면 되는구나, 진주에게도 알려 줘야지.'

소개하는 글(알리는 글) 쓰기

 동물원에서 처음으로 본 동물을 친구에게 알리고 싶어요. 새롭게 알게 된 것을 다른사람에게 알리려면 어떻게 써야 하나요?

 동물원에 가서 처음 본 동물을 친구들에게 알려 주고 싶다고요? 어떻게 쓰면 될까요? 알려 주거나 소개하는 글을 쓸 때는 누구에게 무엇을 소개하면 좋을지 먼저 생각해 보세요. 글을 읽을 사람이 잘 모르거나 궁금해할 만한 내용이어야 합니다. 생각 그물(마인드맵)을 만들어 보면, 쓰려는 내용을 잘 정리할 수 있어요.

현수의 정리 노트

🌼 소개하는 글을 쓸 때 주의할 점

① 읽을 사람이 누구인가를 생각합니다.
② 무엇에 대하여 쓸 것인가를 정합니다.
③ 어떤 내용을 쓸 것인가를 정합니다.
④ 내용에 알맞은 낱말을 사용하여 정확한 사실을 씁니다.

친구가 쓴 알리는 글을 읽어 보세요.

제목 : 우리나라의 명절

이름 : 장서윤

　우리나라의 큰 명절에는 추석과 설이 있어요. 추석은 우리나라의 가장 큰 명절로 음력 8월 15일입니다. 추석에는 햇곡식으로 송편을 빚고, 햇과일 등의 음식을 준비하여 먹습니다. 추석날 아침에는 조상께 차례를 지내고 성묘도 갑니다. 밤에는 보름달 아래에서 강강술래 놀이도 합니다.

　설날은 우리나라의 큰 명절로 음력 1월 1일입니다. 설날에는 설빔으로 갈아입고 차례를 지낸 뒤 웃어른들께 세배를 드립니다. 설날에는 떡국도 끓여 먹고, 식혜도 만들어 먹습니다. 또 가족들과 함께 윷놀이나 연날리기를 합니다.

글쓰기 도전

1. 아래 [보기]는 우리 학교를 소개하는 글을 쓰는 과정입니다. 글을 쓰는 순서에 맞게 ㉠~㉣을 차례로 써 보세요.

[보기]

㉠ 글을 다시 살펴보며 내용을 고치거나 다듬습니다.

㉡ 읽을 사람이 더 알고 싶어 하거나 궁금해 할 만한 내용을 덧붙입니다.

㉢ 읽을 사람이 누구인지 생각하고, 설명하고 싶은 내용을 정합니다.

㉣ 우리 학교의 이름, 위치, 자랑거리 등을 알맞은 낱말을 사용하여 씁니다.

→ _____

TIP
- 나와 같은 또래의 친구들이 읽는다고 생각하면서 학교의 이름과 위치, 자랑거리 등이 잘 나타나도록 써 보세요.
- 설명하고 싶은 것이 정해지면, 어떤 내용을 설명해야 할지 생각하고, 떠오른 생각 중에 중요한 내용을 간추려 써 보세요.
- 비슷한 내용은 반복하지 않고 한 번만 써야 해요.
- 재미있는 제목을 붙여 써 보세요.

2. 내 짝을 다른 친구들에게 소개하는 글을 쓰려고 합니다. 관계있는 것
은 '예', 관계가 먼 것은 '아니요'를 따라가면서 미로를 통과해 보세요.

다시 만난 호랑이와 토끼

"이번 여행은 지난번보다 훨씬 어려울 텐데……."

"어렵다고요?"

현수는 잠시 망설였어요.

"아저씨, 어려워도 할 수 있어요. 글을 잘 쓰고 싶거든요. 이런 생각이 든 게 처음이에요."

현수는 씩씩한 목소리로 대답했어요.

"그래? 준비 단단히 하렴."

현수는 문득 호랑이와 토끼가 사이좋게 잘 지내는지 궁금했어요. 그 생각을 하는 동안 어느새 현수는 넓은 광장에 와 있었어요.

주위를 둘러보던 현수는 옥신각신하는 토끼와 호랑이를 발견했어요.

"반가워. 토끼야, 호랑이야! 근데 너희 무슨 일이야?"

"현수야, 내 말 잘 들어 봐. 내가 꿀떡을 먹자고 했어. 그냥 먹는 것보다는 구워 먹는 게 더 맛있잖아."

토끼가 급하게 말했어요. 그런데 현수는 토끼의 말을 알아들을 수가 없었어요.

"호랑이야, 네가 말해 봐. 대체 무슨 일이야?"

현수는 호랑이가 토끼보다 침착하다고 생각했기 때문에 호랑이에게 물었어요.

"뭐? 나보고 얘기하라고?"

답답해진 현수가 말했어요.

"호랑이야, 일이 일어난 순서대로 얘기하면 돼. 가장 먼저 일어난 일을 생각해 봐."

"가장 먼저 일어난 일?"

현수는 호랑이에게 다시 한 번 차근차근 말했어요.

"시간 순서대로 기억해 봐. 예를 들면 아침에는 어디에서 어떤 일이 있었고, 점심에는 어떤 일이 있었어?"

"음, 그러니까 내가 길을 가고 있는데 토끼를 만났어. 그래, 그게 가장 처음 일어난 일이야."

이발사 아저씨는 현수가 호랑이에게 설명하는 모습을 보고 큰 소리로 웃었어요.

"하하하, 현수가 제법이네!"

일이 일어난 순서대로 글 쓰기

 앞뒤 내용을 자연스럽게 연결하여 일이 일어난 순서대로 쓰고 싶어요. 어떻게 해야 하나요?

 시간이나 장소가 바뀌는 것에 주의하여 일이 일어난 순서대로 씁니다. 우선 가장 먼저 일어난 일을 찾아보세요.

일이 일어난 장소 : **학교 가는 길**

 1. 지각 대장 존이 학교에 가려고 집을 나섰습니다.

 2. 가는 길에 악어를 만나 장갑을 뺏겼습니다.

일이 일어난 장소 : **학교**

 3. 지각을 한 존은 선생님께 혼이 났습니다.

현수의 정리 노트

🌀 일의 순서대로 글을 쓸 때 주의할 점

① 시간의 흐름이나 장소의 바뀜에 따라 일이 일어난 순서를 정리합니다.
② 이야기의 앞뒤 내용이 전체적인 내용과 어울리는지 생각해 봅니다.
③ 이어 주는 말을 적절히 사용하여 글을 씁니다.

글쓰기 도전

1. 아래의 그림은 철수와 영희에게 일어난 일입니다. 그림을 보고 일이 일어난 순서를 생각하며 상상하여 글을 써 보세요.

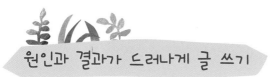

비 오는 날의 짚신 장수

　현수는 토끼, 호랑이와 헤어져 사람들이 많이 모여 있는 곳에 도착했어요. 그런데 사람들의 표정이 어둡고, 울고 있는 아이도 있었어요. 현수는 울고 있는 아이를 보자 불쌍한 마음이 들었어요. 아저씨가 현수에게 말했어요.

　"이곳은 원인과 결과를 공부하는 곳이야. 여기 있는 사람들은 모두 원인과 결과로 짝을 이루어 완성된 문장을 만들어야 하는데, 원인과 결과를 제대로 찾지 못해 계속 이곳에 머물게 된 거란다."

　"저기 울고 있는 아이를 도와주고 싶어요."

　"자, 그럼 내 이야기를 들어 보고 원인과 결과가 무엇인지 한번 생각해 보렴."

아저씨가 이야기를 시작했어요.

"옛날에 두 아들을 가진 어머니가 살았어. 그런데 그 어머니는 자나 깨나 두 아들 걱정으로 하루도 마음 편할 날이 없었단다. 큰아들은 우산을 팔고, 작은아들은 짚신을 파는 장사꾼이었는데, 비가 오는 날에는 짚신을 파는 큰아들을 걱정하고 해가 쨍쨍한 날에는 우산을 파는 작은아들을 걱정했기 때문이지."

현수는 아저씨의 이야기에 푹 빠졌어요.

"그런데 어느 날 걱정 많던 어머니가 더 이상 걱정을 하지 않게 되었단다."

"왜요? 어떻게요?"

그러자 아저씨는 손을 쓰윽 내밀며 말했어요.

"자, 이 이야기에서 원인과 결과가 무엇인지 찾아볼까? 어머니가 두 아들 때문에

걱정이 많았다고 했지? 큰아들은 우산을, 작은아들은 짚신을 파는 장사꾼인 게 바로 어머니를 걱정하게 한 원인이란다. 그럼 이제 어머니가 더 이상 걱정을 하지 않게 되었다고 했는데, 그 까닭이 무엇인지 생각해 볼까?"

현수는 한참 동안 '왜 그랬을까?'라고 생각한 다음에야 대답했어요.

아저씨의 이야기를 듣다 보니, 어떤 일이 일어나게 된 까닭이 원인이고, 그로 인해 생긴 일이 결과라는 것을 알 수 있었어요.

"어쩌면 어머니는 '비오는 날에는 우산을 많이 팔아서 좋고, 해가 쨍쨍한 날에는 짚신을 많이 팔아서 좋다.'라고 생각을 바꿨을지도 몰라요."

"그렇지!"

"걱정을 좋은 생각으로 바꾼 거죠? 히히히."

현수는 재빨리 울고 있는 아이에게로 달려갔어요.

원인과 결과가 드러나게 글 쓰기

 원인과 결과가 무슨 뜻이에요? 원인과 결과가 잘 드러나게 글을 쓰려면 어떻게 해야 하나요?

 원인이란 어떤 일이 일어나게 한 까닭을 말합니다. 결과란 어떤 일로 인해서 일어나게 된 일, 즉 원인 때문에 일어나게 된 일을 말합니다.

<u>비가 와서</u> <u>꽃이 활짝 피었다.</u>
    원인   결과

현수의 정리 노트

🌀 원인과 결과가 드러나는 글을 쓸 때 이어 주는 말

① 원인이 드러나는 글을 쓸 때 이어 주는 말 : 그래서, ~(어)서, 때문에

- 원인을 먼저 씁니다.
- 먼저 일어난 일은 다음에 일어날 일의 원인이 되기도 합니다.

> 원인이 드러나게 쓴 글
>
> ┌ 독후감을 잘 썼다. — 원인
> └ 상장을 받았다. — 결과
>   ➜ 독후감을 잘 썼기 <u>때문에</u> 상장을 받았다.

② 결과가 드러나는 글을 쓸 때 이어 주는 말 : 왜냐하면 ~때문이다.

- 결과를 강조하려고 원인보다 결과를 먼저 쓰기도 합니다.

> 결과가 드러나게 쓴 글
>
> ┌ 비가 왔다. — 원인
> └ 꽃이 활짝 피었다. — 결과
>   ➜ 꽃이 활짝 피었다. <u>왜냐하면</u> 비가 왔기 <u>때문이다.</u>

글쓰기 도전

1. 연수에게 생긴 일을 읽어 보고, 원인과 결과를 찾아보세요.

> 연수는 한별이와 달리기를 했습니다.
> 연수는 풀어진 자기의 운동화 끈을 밟아서 넘어졌습니다.
> 그래서 한별이가 달리기에서 이겼습니다.

원인 :

결과 : 한별이가 달리기에서 이겼습니다.

2. 오른쪽 그림을 보고, 밑줄 그은 문장이 원인인지 결과인지 써 보세요.

① 철수는 우는 아이를 집에 데려다 주었습니다.
　<u>그래서 아주머니께 칭찬을 받았습니다.</u>

➔

② <u>승현이는 아침에 늦잠을 잤습니다.</u>
　그래서 학교에 지각을 했습니다.

➔

③ 아이스크림을 많이 먹었습니다.
　<u>그래서 배탈이 났습니다.</u>

➔

④ <u>숙제를 하지 않았습니다.</u>
　그래서 선생님께 꾸중을 들었습니다.

➔

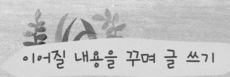
떨어진 그림 한 장

크고 작은 문이 바위처럼 서 있는 곳에 왔어요. 아저씨는 현수를 데리고 커다란 그림이 그려진 빨간색 문을 열고 들어갔어요. 몇 번을 크고 작은 문을 열고 들어가니 여기저기 그림이 그려진 종이들이 바람에 흩날리고 있었어요.

아저씨는 바닥에 떨어진 그림 한 장을 주워 현수에게 주었어요.

"이 그림을 보고 다음에 이어질 내용을 꾸며 쓰려면 가장 먼저 무엇을 해야 할까?"

"음, 누가 나오는지 확인하고 그 사람이 어떤 일을 어떻게 했는지 알아야 해요."

"그래, 주인공의 행동을 잘 생각해 보고 성격이 드러나게 써야 한단다. 그리고 또 무엇을 살펴야 할까?"

현수는 자신이 없었지만 지금까지 배운 것들을 생각하며 대답했어요.

　"어떤 일이
언제, 그리고
어떻게 일어났는
지 살피고 왜 그 일
이 일어났는지를 생각
해요. 일이 일어난 순서에
맞게 잘 써야 해요."

　　이번 여행은 지난번과는 많이
달랐어요. 현수가 스스로 척척 대답하는 경우가 많았고, 아저씨는 가끔씩 도움을 줄 뿐
이었어요. 현수에게 흐뭇한 미소를 보이던 아저씨가 머뭇거리며 작별의 말을 꺼냈어요.

　　"너와 함께 오랫동안 여행하고 싶지만, 이제 너와 헤어질 때가 되었구나. 아저씨는
이제 다른 아이를 도와주러 가야 해."

　　"안 돼요. 아저씨, 가지 마세요."

　　아저씨가 울상이 된 현수를 가만히 안아 주었어요. 그리고 가방에서 책 한 권을 꺼
내서 현수에게 주었어요.

"현수야, 필요할 때마다
이 책을 펼쳐 보도록 해라."

아저씨가 준 책은 '마법의 글쓰기'라는 제목
의 책이었어요. 그런데 참 이상하지요? 아저씨의
품에서 꺼낼 때는 무척 커다랗게 보이던 책이 현수가 한 번씩
펼쳐서 볼 때마다 조금씩 작아지는 것 같았어요.

"이 책은 펼칠 때마다 크기가 작아진단다. 그러니까 꼭 필요할 때만 펼쳐 봐야
해. 현수에게 더 이상 이 책이 필요하지 않게 될 때쯤이면 흔적도 없이 사라질 거야."

"네에? 정말로요?"

"그 대신 네 머리에 영원히 남아 있겠지. 슬기와 지혜라는 이름으로."

그러는 사이 아저씨의 모습도 점점 작아졌어요.

현수는 아저씨에게 고맙다는 인사를 하고 싶었지만, 아저씨의 모습은 이미 어디에
도 보이지 않았어요. 하지만 아저씨의 목소리가 또렷하게 들렸어요.

"넌, 잘할 수 있어. 그렇지? 혼자 힘으로 완성한 너의 글쓰기 책을 보고 싶구나."

이어질 내용을 꾸며 글 쓰기

 앞의 이야기를 읽고 다음에 이어질 이야기를 재미있게 꾸며 쓰고 싶어요. 어떻게 해야 하나요?

 앞의 이야기에 이어질 내용을 꾸며 쓸 때는 등장인물을 먼저 알아보고, 인물이 어떤 일을 하는지 생각해 보세요. 그리고 사건이 일어난 까닭을 생각해 보고 사건이 일어난 차례를 잘 살펴야 합니다. 등장인물의 성격이나 행동을 잘 파악하여 앞의 내용과 연결해 보세요.

 현수의 정리 노트

◉ 이야기를 이어 쓸 때 주의할 점

① 언제, 어디서, 누가, 무엇을, 어떻게, 왜 했는지를 알아봅니다.
② 등장인물의 성격이 잘 드러나도록 씁니다.
③ 앞부분의 이야기를 잘 살펴보고, 자연스럽게 이어지도록 씁니다.
④ 장소나 시간의 차례에 맞게 씁니다.
⑤ 자유롭게 상상하며 재미있게 꾸며 씁니다. 하지만 너무 장난스럽게 쓰지 않도록
   주의합니다.
⑥ 마무리를 잘 지어 씁니다.

1. 아래 만화를 보고 다음에 이어질 이야기를 상상하여 그림으로 나타내어 보세요.

2. 일이 일어난 차례를 생각하며 읽고, 이어질 내용을 글로 완성하여 보세요.

옛날에 시골 양반이 처음 서울에 올라와 밤늦도록 서울 구경을 하다가 포졸을 만났습니다. 시골 양반은 겁이 나서 양팔을 벌리고 담벼락에 붙어 섰습니다.

포졸이 "거기 누구요?" 하고 묻자, 깜짝 놀란 시골 양반이 엉겁결에 말했습니다.

"나는 벙어리입니다."

포졸이 다시 물었습니다.

"아니, 벙어리가 어떻게 말을 합니까?"

_____

_____

_____

3. 아래 이야기를 읽고 뒤에 이어질 내용을 상상하여 기린 목이 길어진 이유를 [보기]의 인물들을 넣어서 꾸며 써 보세요.

[보기]　등장인물 : 목이 짧은 아기 기린, 코끼리, 나무, 사냥꾼, 악어

어느 따뜻한 봄날, 목이 짧은 아기 기린은 너무 심심했어요. 그래서 엄마 기린에게 넓은 초원에 놀러 나가자고 졸랐어요.

"아가야, 밖에는 무서운 사냥꾼과 짐승들이 많단다. 좀 더 크면 초원에 나가자꾸나!"

엄마 기린은 걱정스럽게 아기 기린에게 말했어요. 하지만 장난꾸러기 아기 기린은 엄마 몰래 초원으로 나갔어요.

초원으로 나간 아기 기린은 시냇물을 발견했어요. 아기 기린이 물을 마시려고 다가 가자, 악어가 아기 기린을 삼키려고 입을 크게 벌렸어요.

때마침 마음씨 좋은 코끼리가 그 광경을 목격했지요.

_____

_____

_____

_____

_____

 _____

통나무집에서 지낸 하루

"앗, 저건 뭐지?"

통나무집 마루에 누워 밤하늘을 쳐다보던 현수는 깜짝 놀라 벌떡 일어났어요. 별똥별이 눈앞에 떨어진 거예요. 현수네 가족은 깊은 산속에 있는 통나무집으로 여름휴가를 왔어요. 오는 길에 산길을 달리느라 차가 많이 쿵쾅거렸어요. 그럴 때마다 현수는 이리저리 엉덩방아를 찧었어요.

"왜 이렇게 깊은 산속까지 온 거야?"

현수는 차를 타고 오는 내내 차 속에서 투덜댔어요.

현수가 다급하게 방 안에서 음악을 듣고 있는 누나를 불렀어요.

"누나, 나와 봐!"

"뭔데? 웬 호들갑이니?"

"누나, 누나. 별똥별이야. 저것 좀 봐. 별이 떨어지네. 저기도."

누나도 현수 옆에 앉아 함께 밤하늘을 쳐다보았어요.

"아빠가 여기 오면 별을 많이 볼 수 있다고 했는데. 정말이네."

"밤하늘에 별이 가득해."

"여기 누워서 하늘을 쳐다보니 별이 나에게 쏟아질 것 같아."

현수는 자신이 알고 있는 모든 예쁜 낱말을 떠올리며 별을 노래하고 싶은 마음이 밀려왔어요.

현수와 누나는 서로 아무 말도 하지 않고 밤하늘을 한참 동안이나 쳐다보았어요. 저 멀리서 별이 반짝였어요. 반짝이는 모양이 마치 무슨 말인가를 속삭이는 것 같았어요. 현수는 온통 별로 가득한 세상에 있는 느낌이 들었어요.

"참, 별똥별이 떨어질 때 소원을 빌면 이루어진댔는데……."

누나가 말했어요.

"무슨 소원을 빌까?"

그때 하늘에서 또 별똥별이 떨어졌어요.

"소원을 빌어야 하는데 별이 너무 빨리 떨어져서 소원을 빌 수가 없네.
어떻게 하면 좋을까?"

누나가 걱정했어요. 현수는 마음속으로 재빨리 소원을 빌었어요.

'별님, 제 소원을 들어주세요.'

일기를 쓰는 이유

 일기는 왜 써요? 일기를 쓰면 어떤 점이 좋아요?

 일기는 하루 동안 있었던 일에 대해 생각하고 느낀 점을 쓴 글입니다. 일기를 쓰면 하루 생활을 반성할 수 있고, 생각하고 비판하는 능력을 기를 수 있어요. 또한 글쓰기에 대한 두려움을 극복하고 글쓰기 습관을 길러 줍니다.

🔵 일기 쓰는 방법

① 형식이나 격식 없이 자유롭게 씁니다.
② 날짜와 날씨, 그날 있었던 일, 일에 대한 감상 또는 반성, 내일의 계획을 씁니다.
③ 기록할 만한 가치가 있는 것, 인상 깊은 일을 구체적으로 씁니다.
④ 솔직하고 정직하게 씁니다.

🔵 일기의 글감 찾는 방법

① 하루 동안 겪은 일 중에서 찾기
    예) 기뻤던 일 – 선생님께 칭찬 받은 일
        슬펐던 일 – 달리기를 하다가 넘어진 일
        화났던 일 – 친구가 나를 놀린 일

② 하루를 아침, 낮, 저녁으로 나누어서 찾기
    예) 아침 – 학교에서 친구와 다툰 일
        낮 – 수업 시간에 칭찬 받은 일
        저녁 – 맛있게 먹은 음식, 가족들과 산책 나간 일

여러 가지 방법으로 쓴 일기를 읽어 보세요.

① 생활 일기 : 하루 동안 있었던 일을 글로 씁니다.

9월 9일 화요일　　　날씨 : 햇볕이 따갑다.
제목 : 수영 배우기

수영을 배우는 날이라 희주와 함께 수영장에 갔다.
나는 물을 무서워하는데 희주는 물이 무섭지 않다고 했다.
나는 수영을 끝까지 배울 거다. 그래서 아빠랑 수영을 하고 싶다.
수영은 참 재미있다.

② 그림일기 : 하루 중 기억에 남는 일을 정해, 그림을 그리고 간단히 정리한 일기를 씁니다.

7월 2일 수요일　　　날씨 : 소나기가 내리고 천둥 번개로 시끌시끌.
제목 : 생일잔치

오늘은 9번째 내 생일이다.
친구들이 집으로 와서 모두 축하해 주었다.
나를 태어나게 해 주신 엄마, 아빠, 감사해요!

③ 관찰 일기 : 어떤 것을 관찰하여 특징이나 변하는 모습을 기록한 일기입니다.
집에서 기르는 식물이나 동물, 날씨, 주변에 보이는 곤충의 생태 등을 관찰해서
일기로 씁니다. 또 가족이나 친구의 습관, 좋아하는 것, 생김새 등을 유심히 살펴
보고 쓰는 관찰 일기도 있어요.
관찰 대상의 색깔, 크기, 모양, 먹이, 사는 곳 등을 자세히 적고, 그림이나 사진을
덧붙입니다. 앞으로 더 알고 싶은 내용도 빠짐없이 기록합니다.

5월 26일 월요일   날씨 : 맑음. 약간 땀이 나고 덥다.
제목 : 이름 모를 나비

　학교에서 돌아오는 길에 앞마당에 핀 노란 꽃들 사이로 이상한 색깔의 나
비를 보았다. 이제껏 보았던 나비와는 아주 달라 신기했다.
　한참을 이 꽃 저 꽃 사이를 왔다 갔다 하던 나비는 팔랑 날아가 버렸다.
아쉬운 마음에 집에 와서 백과사전을 꺼내 아까 본 색깔의 나비를 찾아보
았더니 없었다. 그래서 나비에 대해 조사해 보았다.
　나비는 알, 애벌레, 번데기, 어른벌레로 한살이를 한다. 들판, 물가, 계곡,
산에서 살고 우리나라에는 약 250종이 있다고 한다. 붉은부전나비, 호랑나
비, 표범나비, 왕오색나비, 풀흰나비 등 여러 가지 나비 이름이 많았다. 이
들 중에 아까 본 나비의 이름은 무엇일까? 이름 모를 나비는 지금 어디로
갔을까?

④ 독서 일기 : 책을 읽고 느낀 점을 일기로 씁니다. 책의 제목을 쓰고 간단한 줄거리와 느낀 점을 적어 봅니다. 주인공이나 등장인물 중에 배울 점이 있다면 덧붙입니다.

6월 7일 토요일   날씨 : 아침에는 맑았지만 낮에는 비가 왔다.
제목 : 지각 대장 존, 내 친구야.

이모가 생일 선물로 《지각 대장 존》이라는 책을 주셨다. 책을 선물로 받다니, 나는 기분이 별로 좋지 않았다. 그래서 침대에 누워서 책 표지를 노려보았다.

그런데 책 표지의 그림이 재미있어 보이고 호기심이 생겨 읽어 보기로 했다. '지각 대장 존'이라는 제목도 신기했다. 어쩌면 무서운 선생님이 나올지도 모른다고 생각하며 책을 펼쳤다.

그런데 무서운 이야기가 아니었다. 예상과는 달리 정말 재미있었다. 가장 재미있는 장면은 존이 무서운 사자 때문에 나무 위에 올라가 있는 부분이었다.

존이 너무 불쌍해 보였다. 선생님께서 벌로 '거짓말을 하지 않겠습니다.'를 500번이나 쓰게 하셨다.

선생님이 고릴라에게 잡혀 있는 장면에서는 정말 신 났다. 선생님은 왜 존의 말을 믿어 주지 않았을까? 그랬으면 존도 선생님의 말을 믿어 주었을 텐데…….

나도 엄마가 내 말을 믿어 주지 않을 때 정말 속상했는데……. 엄마에게 읽어 보라고 해야겠다. 그럼 내 마음을 조금이라도 아실까?

1. 하루 동안 있었던 일을 쓴 친구의 일기입니다. 친구의 마음을 상상하며, 일기와 어울리는 제목을 붙여 보세요.

8월 7일 목요일   날씨 : 내 마음처럼 비가 왔다.

제목 :

 안경을 아무 데나 놓아두고 다니다가 그만 안경을 밟아 버렸다.

 "엄마, 죄송해요. 모르고 안경을 깨뜨렸어요."

 "조심 좀 하지 그랬니? 지금 안경을 맞추러 가야겠다."

 나는 엄마에게 꾸중을 들을까 마음이 조마조마했다. 그런데 엄마는 아무 말도 하지 않으셨다. 나는 얼른 옷을 입고 엄마와 함께 밖으로 나갔다. 그런데 비가 오고 바람까지 불었다. 엄마와 나는 비를 피해 자주 가는 안경점으로 들어갔다.

 주인 아저씨는 나를 보자 "지난달에 안경 맞추고 갔잖아?"라며 의아하게 쳐다보셨다. 주인 아저씨의 말이 나를 더욱 곤란하게 했다.

 "남자애라 그런지 조심성이 없네요."

 아저씨의 말에 엄마는 안타까운 눈길로 나를 바라보며 말씀하셨다. 그래서 더 엄마에게 미안하고 죄송한 마음이 들었다.

 '엄마, 죄송해요. 앞으로는 이런 일이 없도록 주의할게요.'

글쓰기 도전

2. 아래 일기에 어울리는 제목을 써 보고, 하루 중 언제 일을, 무엇을 글 감으로 해서 썼는지 이야기해 보세요.

> 8월 8일 금요일   날씨 : 내 마음처럼 비가 왔다.
>
> 제목 : _____
>
>
> 저녁을 먹고 난 뒤 가족들과 함께 동네 놀이터에 갔다.
> 그때 엄마가 내 킥보드를 재미있게 타셨다.
> "와아, 재미있다. 엄마 한 번만 더 타 볼게."
> 엄마는 자꾸만 타셨다. 하지만 그 모습이 참 웃겼다.
> 엄마가 꼭 어린애들 같았다. 내 친구 같았다. 하지만 참 기분이 좋았다.

3. 산에 올라간 일이나 시원한 바다로 물놀이를 갔다 온 날에 느꼈던 즐 거움을 일기로 써 보세요.

8월 12일 화요일   날씨 : 햇볕이 뜨겁다.

제목 : _____

_____

_____

_____

_____

호랑이가 보낸 편지

"이게 뭐지?"

학교에서 돌아오니 현수의 책상 위에 편지 한 통이 놓여 있었어요. 이상하게도 하얀 편지 봉투에는 아무런 글자도 없었어요. 그런데 현수가 봉투를 흔들 때마다 호랑이 꼬리가 살짝 나타났다 사라졌어요.

봉투를 유심히 살펴보니 글 나라에서 만난 호랑이가 눈물을 흘리고 있었어요.

"호랑이야, 무슨 일이니? 조금만 기다려."

어느새 현수는 호랑이가 갇혀 있는 커다란 문 앞에 와 있었어요. 토끼도 옆에 있었어요.

"내가 편지를 제대로 쓰지 못해서 그런 것 같아. 어쩌면 좋지?"

호랑이가 울먹이며 말했어요.

"편지 쓰는 방법은 나도 잘 모르는데……. 호랑이야, 울지 마. 토끼와 내가 해결해 볼게. 힘을 내!"

현수는 갇혀 있는 호랑이와 겁에 질린 토끼를 안심시켰어요. 그리고 얼른 아저씨가 주신 책을 꺼내 호랑이에게 도움이 될 만한 부분을 펼쳐서 읽기 시작했어요.

"토끼야, 편지에 꼭 들어가야 하는데 빠진 게 있는지 잘 살펴봐."

현수는 걱정으로 한숨만 푹푹 내쉬는 토끼에게 말했어요.

"참, 호랑이야, 누구에게 보내는 편지였어? 어떤 내용을 쓰려고 했어? 편지로 무엇을 전하고 싶었어?"

현수는 혹시나 하는 마음으로 물어보았어요.

"이발사 아저씨에게⋯⋯."

호랑이는 부끄러운지 얼굴이 빨개져서, 편지를 살펴보는 토끼의 눈을 피했어요.

"이발사 아저씨께 너를 만나게 해 주셔서 고맙다는 말을 전하고 싶었어."

대답을 하던 호랑이가 잠시 머뭇거리더니, 멋쩍은 웃음을 흘렸어요.

"어, 그러고 보니 할 말을 쓰지 않았네⋯⋯."

"뭐라고? 하고 싶은 말을 쓰지 않았단 말이야?"

그러자 토끼도 놀라 호랑이가 쓰다 만 편지를 다시 읽어 보았어요.

"진짜! 편지의 내용이 없네. 처음엔 '안녕하세요?' 그 다음에는 '저 호랑이예요.' 그 다음엔 '안녕히 계세요.' 이게 끝이잖아?"

"아이고, 호랑이야!"

편지 쓰기

 편지를 잘 쓰려면 어떻게 해야 하나요? 그리고 편지를 쓰면 어떤 점이 좋은지 알려 주세요.

편지는 '받는 사람'을 맨 처음에 쓰고 '보내는 사람'은 맨 마지막에 씁니다. 편지를 쓰면 다른 사람에게 미안함이나 감사했던 마음, 고마움 등의 마음을 쉽게 전할 수 있어요. 책 속 인물에게 편지를 쓰면서 내 생각과 느낀 점을 진솔하게 표현해 보세요.

 현수의 정리 노트

⚙ 편지 쓰는 순서

받는 사람 → 첫인사 → 할 말 → 끝인사 → 쓴 날짜 → 보내는 사람

⚙ 편지 쓰는 방법

① 첫인사를 밝게 씁니다.(부르는 말, 계절 인사, 받는 사람에게 전하는 안부, 보내는 사람의 안부 등)
② 상대방에게 하고 싶은 말(고마운 말, 칭찬하는 말, 부탁하는 말 등)을 씁니다.
③ 끝인사를 공손하게 씁니다.(마지막 인사, 쓴 날짜, 보내는 사람)

⚙ 편지의 종류

① 안부 편지 : 상대방의 안부를 묻거나 인사를 전합니다.
② 위문 편지 : 상대를 위로하는 마음을 담은 편지입니다.
③ 초대 편지 : 초대하는 목적과 시각, 장소를 전합니다.
④ 사과 편지 : 잘못에 대하여 미안한 마음을 전합니다.

글쓰기 도전

★ 편지 봉투 쓰는 법

① 보내는 사람의 이름, 주소, 우편 번호를 왼쪽 위에 작게 씁니다.

② 우표는 오른쪽 위에 붙입니다.

③ 받는 사람의 이름을 크게 쓴 다음 주소와 우편 번호 등을 씁니다.

① 보내는 사람   이상민

서울특별시 ○○구 ○○○로 ○○아파트 ○동 ○호

123-456

② 우표

③ 받는 사람   김밝음

서울특별시 ○○구 ○○길

○○○-○○○

1. 위의 편지 봉투 쓰는 법은 잘 보고, 아래의 편지 봉투를 알맞게 써 보세요.

보내는 사람   **김현수**   주소 서울특별시 종로구 율곡로1길 7   우편 번호 110-190

받는 사람   **밝은미래 출판사**   주소 서울특별시 마포구 잔다리로3안길 36   우편번호 121-840

보내는 사람

우표

받는 사람

□□□-□□□

□□□-□□□

글쓰기 도전

2. 호랑이는 이발사 아저씨께 좋은 친구를 소개해 주어서 감사한 마음을 전하고 싶대요. 호랑이의 편지를 여러분이 완성해 보세요.

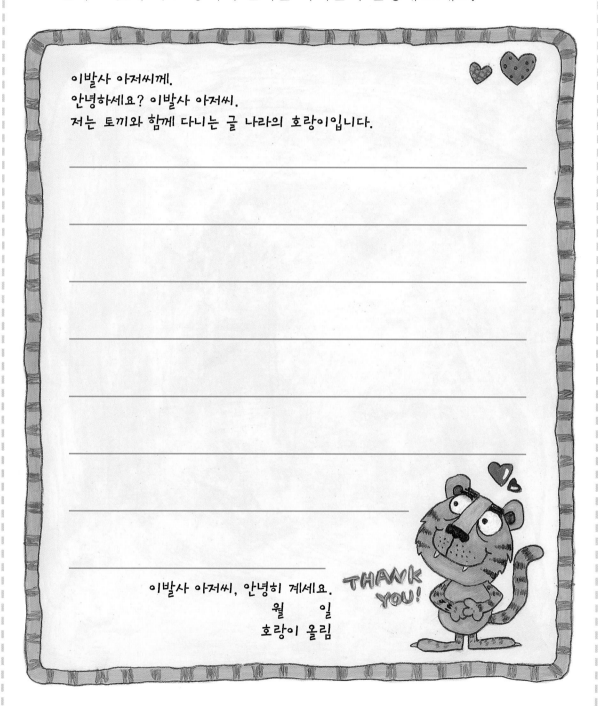

이발사 아저씨께.
안녕하세요? 이발사 아저씨.
저는 토끼와 함께 다니는 글 나라의 호랑이입니다.

_____

_____

_____

_____

_____

_____

_____

이발사 아저씨, 안녕히 계세요.
월   일
호랑이 올림

THANK YOU!

3. 다음은 할머니께 쓴 편지입니다. 편지 쓰는 순서에 해당하는 내용을
괄호 안에 써 보세요.

할머니께   (①   )
할머니 그동안 안녕하셨어요?   (②   )

지난 일요일에는 엄마 아빠와 함께 눈썰매장에 가서 눈썰매를 재미있게 탔어
요. 또 가고 싶어요.
할머니는 시골에서 무얼 하고 지내시는지 궁금해요.
이제 곧 설날이 가까워져요. 설날에는 아빠와 엄마와 함께 할머니가 계신 시골
집에 갈 거예요. 벌써 기다려져요.
할머니가 너무 보고 싶어요.   (③   )

그날까지 할머니 건강하게 잘 지내세요.
할머니, 안녕히 계세요.   (④   )

                                    2014년 1월 11일 (⑤   )
                                    수진 올림 (보내는 사람   )

강아지를 키우고 싶어요!

피아노 학원에 갔더니 진주가 강아지 한 마리를 안고 왔어요. 시골에 계신 할아버지 댁에서 데려왔다며 자랑이 대단했어요.

"어머, 귀여워."

"이름이 뭐야?"

"나는 '봉봉이'라고 부르고 싶은데, 우리 가족은 '순돌이'라는 이름을 좋아해."

"순돌이?"

아이들은 모두 순돌이라는 촌스러운 이름을 듣고 하하하 웃었어요.

"진주 너는 봉봉이라는 이름이 왜 좋아?"

"봉봉이가 처음 집에 와서 부웅부웅 뛰는 모습이 정말 사랑스러워서."

현수도 순돌이라는 이름보다 봉봉이가 마음에 들었어요.

현수는 진주가 무척 부러워서 봉봉이를 가만히 쳐다
보기만 했어요.

태어난 지 보름째인 강아지는 아주 작고 귀여웠어요.
아이들이 너도나도 만지자, 강아지는 자꾸만 구석으로 가서
몸을 웅크리며 달달 떨었어요. 강아지가 힘도 없고 추워 보여 현수
는 안타까운 마음이 들었어요.

"진주야, 강아지 어디 아픈가 봐. 자꾸만 자려고 하잖아."

"으응, 그건 강아지가 너무 어려서 그래. 아직 아기라서 잠을 많이 자야 잘 자란다
고 할아버지가 말씀하셨어."

걱정하는 현수의 말에 진주는 아무 일도 아니라는 듯 말했어요. 진주는 하루 만에
자기가 강아지 박사라도 된 것처럼 으스댔어요. 진주의 가슴에 안겨 있는 강아지는
살며시 눈을 떴다 다시 잠이 든 것 같았어요.

학원에서 집으로 돌아올 때까지 현수의 머릿속에는 온통 강아지를 키우고 싶다는
생각밖에 없었어요. 아무도 없는 집에 혼자 있으려니 어쩐지 더 쓸쓸해졌어요. 봉봉
이 같은 강아지와 함께 있으면 얼마나 좋을까요? 하지만 엄마의 반대 때문에 쉬운 일
이 아니에요.

'아저씨, 엄마 마음을 바꾸려면 어떻게 해야 해요? 어떻게 설득하면 될까요?'

현수는 아저씨가 지난번에 해 준 말을 돌이켜 보며 가만히 중얼거렸어요.

"엄마에게 알맞은 까닭을 들어 내 생각을 분명히 말해야지."

의견을 내세우는 글(주장하는 글) 쓰기

의견이란 무엇인가요?
의견을 내세우는 글을 쓰려면 어떻게 해야 하나요?

의견이란 어떤 일이나 대상에 대한 자신의 생각을 말합니다. 의견이 잘 드러나게 글을 쓰려면 먼저 내 생각이 무엇인지 분명하게 정합니다. 읽을 사람이 내 의견을 잘 이해하도록 정확한 이유를 씁니다.

현수의 정리 노트

🌼 주장하는 글 쓰는 방법

① 먼저 생각과 까닭을 정리합니다.
② 자신의 생각에 대하여 알맞은 까닭을 들어 가며 하고 싶은 말을 씁니다.
③ 내 생각이 잘 전달되도록 알맞은 까닭을 들어 글을 썼는지를 살펴보고 잘못된 부분이 있으면 고쳐 봅니다.

🌼 주장하는 글을 쓸 때 주의할 점

① 읽을 사람을 생각하면서 관심을 끌 만한 내용으로 시작합니다.
② 주장이 분명하게 드러나도록 씁니다.
③ 주장을 뒷받침하는 알맞은 까닭을 두세 가지 정도 들어 씁니다.
④ 읽을 사람의 생각이나 행동이 바뀔 수 있도록 다시 강조합니다.

1. 엄마나 아빠에게 하고 싶은 말이 있어요. 알맞은 까닭을 들어 주장하는 글을 써 보세요.

① 내 생일에 아빠와 함께 동물원에 가고 싶어요.

왜냐하면 _____

_____

_____

② 컴퓨터를 하루에 한 시간씩 할 수 있게 해 주세요.

왜냐하면 _____

_____

_____

③ 개를 키우고 싶어요.

왜냐하면 _____

_____

_____

2. 아래 그림을 보고 내가 좋아하는 음식과 싫어하는 음식을 골라서 쓰고, 그 까닭도 써 보세요.

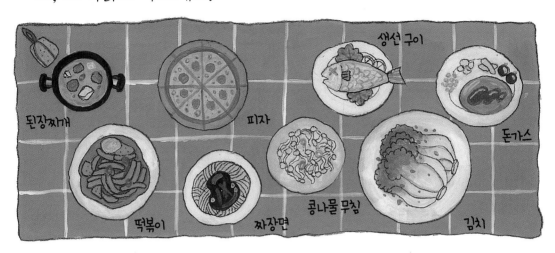

좋아하는 음식 :

좋아하는 까닭 :

싫어하는 음식 :

싫어하는 까닭 :

3. 별나라 친구가 동물 나라에 보낸 초대장을 읽고, 어떤 동물이 지구를 대표해서 별나라로 갈지 그 까닭과 함께 주장하는 글을 써 보세요.

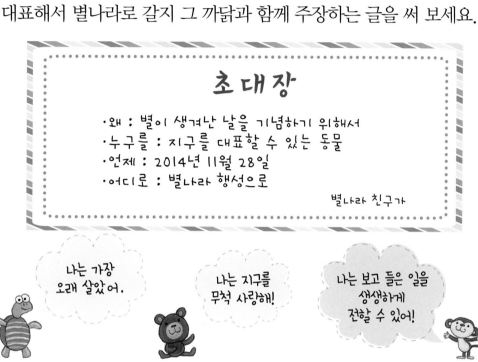

초 대 장

· 왜 : 별이 생겨난 날을 기념하기 위해서
· 누구를 : 지구를 대표할 수 있는 동물
· 언제 : 2014년 11월 28일
· 어디로 : 별나라 행성으로

별나라 친구가

나는 가장 오래 살았어.

나는 지구를 무척 사랑해!

나는 보고 들은 일을 생생하게 전할 수 있어!

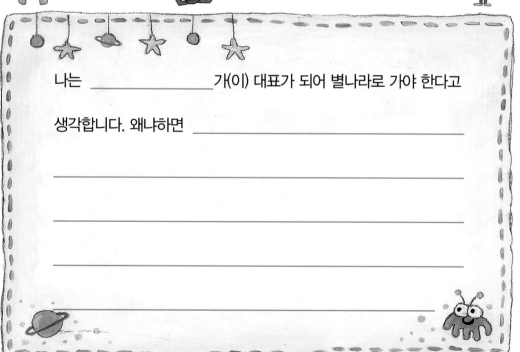

나는 _____가(이) 대표가 되어 별나라로 가야 한다고

생각합니다. 왜냐하면 _____

_____

_____

_____

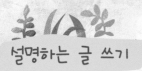

이발사 아저씨가 준 책

"현수야, 이게 뭐니?"

진주가 책상 위에 놓인 낡은 책을 가리키며 물었어요.

현수는 이발사 아저씨가 준 책을 얼른 숨겼어요.

"내가 가장 아끼는 책이야."

"진짜? 처음 보는 이상한 책인데?"

진주는 알쏭달쏭하다는 눈빛이 되었어요.

현수가 손으로 책을 가리자, 진주는 이상하다는 듯 현수를 쳐다보았어요.

　과연 진주가 이발사 아저씨와의 일을 믿어 줄까요? 글쓰기 비법이 담겨 있는 책이라고 하면 믿어 줄까요? 잠시 생각에 잠겼던 현수는 진주에게 모든 일을 털어놓기로 했어요. 혼자만의 비밀로 간직하기엔 이미 늦었다는 생각이 들었거든요.

　"내가 글쓰기 싫어하는 거 알지?"

　"알지, 나도 싫어하잖아."

　"그런데 이제 난 예전처럼 힘들지 않아."

　"글쓰기가 어렵지 않다고?"

　진주가 믿기 힘들다는 표정으로 자꾸만 고개를 갸우뚱거렸어요. 진주는 책을 펼치려 했어요. 하지만 현수는 책을 펼치지 못하게 꽉 눌렀어요.

　"왜 이래? 손가락이 눌려서 아프잖아!"

　"미안, 하지만 이 책은 자꾸 펼치면 안 돼."

　현수는 조심스레 책을 가슴에 품고 이어서 말했어요.

　"이 책은 펼쳐서 볼 때마다 조금씩 작아져. 지금 더 작아졌을지도 몰라. 내가 즐겁고 신 나게 글을 쓰는 날, 이 책은 영영 사라져 버릴 거야."

진주는 믿을 수가 없다는 표정으로 말없이 책만 바라보았어요.

"진주야, 너도 같이 갈래? 이번엔 공통점과 차이점이 잘 드러나게 설명하는 글을 쓸 차례야."

"공통점? 차이점? 우아, 어렵겠다. 내가 잘할 수 있을까?"

현수만큼이나 글쓰기를 두려워하고 싫어하는 진주가 자꾸만 책과 현수를 번갈아 보았어요.

설명하는 글 쓰기

 공통점과 차이점이 잘 드러나게 설명하는 글을 쓰려면 어떻게 해야 하나요?

 설명하는 글은 어떤 대상에 대해서 자세히 알려 주는 글이므로, 설명하는 대상의 특징이 잘 드러나게 써야 합니다.

설명하는 글을 쓰기 전에 먼저 설명할 대상을 정합니다. 그리고 인터넷, 백과사전, 전문 서적 등을 이용하여 관련된 자료나 정보를 조사합니다.

대상의 특징이 잘 드러나게 쓰려면 다른 대상과의 공통점과 차이점을 이용하여 쓰는 것이 좋습니다. 다른 대상과의 관계를 생각하여 비교 기준을 정합니다. 그리고 공통점과 차이점이 잘 드러나도록 글을 씁니다.

현수의 정리 노트

◉ 설명하는 글을 쓰는 방법

① 설명할 대상과 비교할 대상의 쓰임, 모양, 사용 방법 등을 자세히 관찰합니다.
② 두 대상의 공통점과 차이점이 잘 드러나게 씁니다.
③ 느낌이나 생각이 아닌, 알고 있는 사실과 조사한 사실을 바탕으로 씁니다.
④ 읽는 사람이 쉽게 이해할 수 있도록 쉬운 말로 씁니다.
⑤ 설명할 순서에 맞게 씁니다.
⑥ 새로 알게 된 사실을 씁니다.

1. 희주와 엄마의 대화입니다. 희주와 엄마가 한 말이 사실이면 '사', 의견이면 '의'라고 괄호 안에 써 보세요.

 성희네 집에서 강아지를 봤어요. (　　　)
강아지가 정말 귀여워요. (　　　)
엄마, 우리도 강아지 키워요. (　　　)

 우리 집은 아파트잖아? (　　　)
강아지가 짖으면 이웃에 피해를 주잖니? (　　　)
털이 날려서 동생에게도 안 좋아. (　　　)

 제가 털이 날리지 않도록 매일 목욕시킬게요. (　　　)

 엄마는 강아지가 싫어. (　　　)
그렇지만 네가 꼭 길러 보고 싶다면 좀 더 생각해 볼게. (　　　)

TIP

• 사실 : 본 것, 들은 것, 한 것 등을 나타낸 것으로 실제로 일어났거나 직접 확인할 수 있는 것.

• 의견 : 어떤 사실에 대하여 느낀 것이나 생각한 것.

글쓰기 도전

2. '버스'와 '기차'에 대하여 설명하는 글을 읽고 공통점과 차이점을 찾아 빈칸에 글로 써 보세요.

버스와 기차는 모두 탈것입니다. 긴 상자 모양에 바퀴가 달려 있다는 공통점이 있습니다.
반면에 차이점으로, 버스는 도로 위를 달리지만, 기차는 레일 위를 달립니다. 그리고 버스는 한 칸으로 되어 있지만, 기차는 여러 칸을 이어서 운행하기 때문에 버스보다 더 많은 사람을 태울 수 있습니다. 또 버스는 거의 사람만 태우지만, 기차는 용도에 따라 화물을 실어 나르기도 합니다.

버스

기차

공통점	탈것입니다.

차이점	버스	기차
		레일 위로만 다닙니다.

글쓰기 도전

3. 아래 [보기]에 제시된 다섯 고개 놀이를 잘 보고 문제를 풀어 보세요.

[보기]

• 놀이 방법
① 한 사람이 마음속에 어떤 것을 정해 문제를 냅니다.
② 친구들은 문제에 대하여 다섯 가지 질문을 할 수 있습니다.
③ 다섯 가지 질문에 대한 대답을 들으면서 답을 알아맞히는 말놀이입니다.

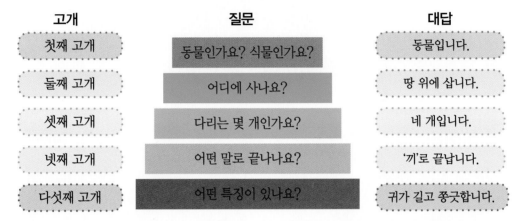

고개	질문	대답
첫째 고개	동물인가요? 식물인가요?	동물입니다.
둘째 고개	어디에 사나요?	땅 위에 삽니다.
셋째 고개	다리는 몇 개인가요?	네 개입니다.
넷째 고개	어떤 말로 끝나나요?	'끼'로 끝납니다.
다섯째 고개	어떤 특징이 있나요?	귀가 길고 쫑긋합니다.

이것은 무엇인가요? _____

4. 다섯 고개 놀이의 답을 맞혔다면 그것에 대해 설명하는 글을 써 보세요.

주인공이 사는 집

현수는 호랑이와 함께 한참이나 멀리 떨어진 마을의 '주인공이 사는 집'으로 가고 있었어요. 현수가 가장 만나고 싶은 동화 속 주인공은 '반쪽이'였어요.

그런데 호랑이는 현수를 따  라오는 내내 징징거렸어요.

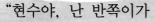

"현수야, 난 반쪽이가 책 내용을 물으면 대답을 못할 거 같아. 넌 무엇이든 척척 대답할 수 있지?"

호랑이의 말에 현수는 깜짝 놀라 들고 있던 책을 떨어뜨릴 뻔했어요.

"반쪽이가 책 내용을 물어보니?"

"그래, 대답하지 못하면 반쪽이가 서운해 할지도 몰라."

"설마……."

현수는 자기도 모르게 목소리가 작아졌어요. 왜냐하면 《반쪽이》를 오래전에 읽어서 내용이 가물가물했거든요.

'어떻게 하면 좋을까?'

"엄마가 책을 읽고 나면 꼭 독서록에 인상 깊었던 내용을 쓰라고 했는데……."

현수는 그럴 때마다 책을 덮으며 화를 냈어요.

"다 알아. 독서록에 쓰지 않아도 나중에 다 기억할 수 있어."

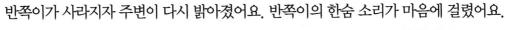

현수는 귀찮아서 독서록을 쓰지 않았던 게 너무 후회되었어요.

그때, 갑자기 주위가 캄캄해지더니 아무것도 보이지 않았어요.

"어, 왜 이러지? 여기가 어디예요? 누구 없나요?"

"으하하, 나야, 반쪽이. 네 앞에 있어. 질문에 대한 정답을 알아

맞히면 차츰 주위가 밝아질 거야."

반가워하는 듯한 반쪽이의 목소리가 멀리서 들려왔어요.

현수는 정답을 말할 자신이 없어서 대답을 할 수 없었어요. 그래서 기어드는 목소

리로 웅얼거렸어요.

"반쪽아, 다음에 다시 올게."

어둠 속에서 실망한 듯한 반쪽이의 한숨 소리가 들리더니, 이내 잦아들었어요. 반

쪽이의 한숨 소리를 따라 현수가 큰 소리로 외쳤어요.

"책을 다시 읽고 꼭 독서록을 쓸게. 그때 다시 만나. 반쪽아."

반쪽이가 사라지자 주변이 다시 밝아졌어요. 반쪽이의 한숨 소리가 마음에 걸렸어요.

"아, 미안해……. 반쪽아. 다음번엔 우리 함께
재미나게 놀자."
　현수는 스스로에게 다짐을 했어요.
　"으라차차. 도서관으로 출발!"

독서 감상문을 쓰는 이유

 선생님, 《반쪽이》를 읽었는데 정말 재미있었어요. 하지만 독서 감상문을 어떻게 써야 할지 어렵기만 해요. 독서 감상문을 꼭 써야 하나요? 책만 읽으면 안 될까요?

 책을 읽고 난 뒤 그냥 책장을 덮어 버리면 기억에 남지 않아요. 친구와 이야기도 나누어 보고 책에 대한 글을 써 보면 오래 기억할 수 있고 정리하는 습관도 기를 수 있어요. 무엇보다 배경지식이 높아지고 창의력과 상상력이 풍부해져요. 독서 감상문을 쓸 때는 책을 읽고 어떤 내용이 감동적이었는지, 오래 기억하고 싶은 내용은 무엇인지 생각해 보세요.

 현수의 정리 노트

⚙ 독서 감상문을 쓰는 방법

① 제목, 지은이, 출판사, 읽은 기간 등 책에 대한 기본적인 정보를 씁니다.
② 여러 가지 독서 감상문의 종류 중에서 줄거리와 인상적인 부분을 쓸 것인지, 주인공에게 편지를 쓸 것인지, 책을 소개하는 글을 쓸 것인지 등 쓰고 싶은 글의 방식을 정합니다.
③ 빠트리지 말아야 할 내용을 중심으로 형식에 맞게 씁니다.
④ 기발하고 재미있는 제목을 생각해서 씁니다.

명장면 그리기

제목 : 반쪽이   종류 : 전래동화   지은이 : 미상   읽은 날 : 8월 10일 일요일

재미있는 제목 쓰기 : 반쪽이라고 무시하지 마.

감상 쓰기 :
반쪽이의 지혜와 꾀가 빛났어요. 사흘째가 되자 기다리던 사람들이 모두 잠이 들었어요. 반쪽이는 솥뚜껑을 떼어 사람들에게 엎어 씌웠어요. 솥뚜껑을 쓰고 앞이 보이지 않는다고 소리치는 사람들의 모습이 정말 재미있었어요.

줄거리와 감상 쓰기

제목 : 착한 반쪽이

아들을 가지려면 꼭 먹어야 한다는 귀한 생선을 고양이가 몰래 반쪽을 먹어 버려 어머니는 두 마리 반만 먹었어요. 그래서 태어난 아들들 중에, 둘은 멀쩡한데 셋째 아들인 반쪽이는 모든 것이 반쪽이였어요. 손도 눈도 입도 반쪽뿐이었어요.

형들은 반쪽이라고 놀리며 둘만 몰래 과거를 보러 갔어요. 착하고 힘이 센 반쪽이는 산속에서 만난 호랑이를 모두 잡아 가죽을 벗겨서 가고 있었어요.

반쪽이가 가진 호랑이 가죽이 탐이 난 욕심 많은 영감은 반쪽이에게 장기 내기를 하자고 했어요. 하지만 반쪽이가 세 번 다 내기에서 이겼어요. 반쪽이라 무시하던 영감이 이제 딸을 뺏기게 되었어요. 지혜와 슬기로움으로 반쪽이는 예쁜 색시를 얻어 행복하게 잘 살았답니다.

두 형들도 영감도 '반쪽이'라고 놀리고 무시해요. 모습이 반쪽이라고 남을 무시하면 나쁜 행동이라고 생각해요.

책 제목 : 여우 누이　　　종류 : 전래동화　　　읽은날 : 3월 5일 수요일

셋째에게

　안녕! 여우 누이의 셋째 아들아.

　책 속에는 네 이름이 나와 있지 않아서 그냥 셋째라고 부를게. 나는 네가 꼬리가 아홉 달린 여우를 물리치는 이야기인 《여우 누이》를 정말 재미있게 읽었어. 그래서 너와 친구가 되고 싶어 편지를 쓰게 된 상민이야.

　네가 밤새 졸지 않고 외양간에서 지켜보았기 때문에 누이가 여우란 걸 알았잖아? 나 같으면 잠이 들어 버렸을 거야.

　네가 멀리 있다가 집으로 다시 돌아온 일은 참 잘한 일이라고 생각해. 아주 용기가 많은 사람만이 할 수 있는 일이었어. 너희 아버지가 누이가 여우라고 한 네 말을 믿어 주지 않았잖아? 넌 많이 서운하고 아버지가 미웠을 거 같아. 그런데도 다시 집으로 와서 가족을 지키려고 하다니, 넌 정말 용기 있고 착한 아이야.

　나도 어려운 일을 당한 친구를 보면 꼭 도와주고 싶어. 비록 나는 키도 작고 힘도 없지만, 그래도 너처럼 용기 있는 아이가 되고 싶어.

　너를 만나게 되어서 반가웠어. 너와 친구가 되고 싶어.

　안녕, 셋째야.

2014년 3월 10일
너를 좋아하게 된 상민이가

글쓰기 도전

1. 왼쪽의 《여우 누이》를 읽고 책 속 인물에게 상민이가 쓴 편지를 보고, 물음에 답해 보세요.

① 누구에게 쓴 편지인가요?

➡ _____

② 상민이가 책 속 인물에게 하고 싶은 말은 무엇이었는지 생각해서 써 보세요.

㉠   인물의 행동 _____

_____

㉡   인물의 성격 _____

_____

㉢   인물에게 해 주고 싶은 말 _____

_____

③ 책을 읽고 어떤 생각을 하게 되었고, 느낀 점은 무엇인가요?

1. 아래 퍼즐에 쓰인 글자들을 이용하여 두 글자 낱말과 세 글자 낱말을 만들어 보세요.

① 두 글자 낱말

바람
_____

_____

_____

② 세 글자 낱말

그림자
_____

_____

_____

2. 아래의 글자들을 가로, 세로, 대각선으로 연결해 세 글자, 두 글자 낱말을 만들어 보세요.

고	구	마	슴	기	름	물	악	염	소
사	진	요	은	귀	걸	이	개	음	방
리	구	늘	하	오	영	지	조	나	차
산	번	슬	수	건	무	도	그	팀	자

① 두 글자 낱말

사진, 물개

② 세 글자 낱말

고구마, 무지개

원고지 쓰는 방법

※ 원고지에 글을 쓰면 글을 정확하게 쓰는 방법을 익힐 수 있어요. 한 칸 한 칸 신경을 써서 써야 하기 때문에 띄어쓰기와 맞춤법, 문장 부호 등을 정확히 익힐 수 있고, 생각을 깊이 하면서 쓸 수 있어요.

1. 원고지 쓰기

(1) 문장 부호와 숫자 쓰기

① 모든 글자는 한 칸에 한 자씩 쓰고, 문장 부호도 한 칸을 차지합니다. 마침표와 쉼표 등은 다음 한 칸을 비우지 않습니다.

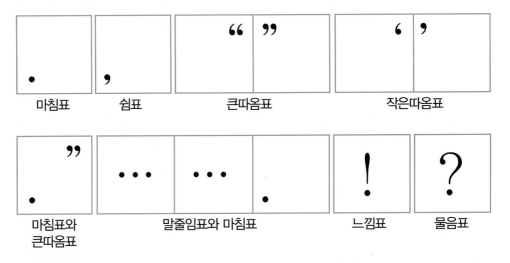

② 알파벳이나 아라비아 숫자(1, 2, 3) 등은 한 칸에 두 자씩 써도 됩니다.

20	10	년	부	터		매	년		10	월		25	일	을		'	독	도	의
날	'	로		정	했	어	요	.											

(2) 띄어쓰기와 들여쓰기

① 띄어쓰기는 빈칸으로 표시합니다.

② 글이 시작되는 첫 칸을 비워 들여쓰기를 합니다. 한 문단이 끝나면 줄을 바꾸고 다시 두 번째 칸부터 씁니다.

(3) 제목과 소속, 이름 쓰기

① 두 번째 줄 가운데에 제목을 씁니다. 제목이 길면 두 줄로 나누어 써도 됩니다. 제목의 끝에는 문장 부호를 사용하지 않습니다.

② 소속은 세 번째 줄에 오른쪽에 치우치도록 쓰되 오른쪽 두 칸을 비워 둡니다.

③ 이름은 네 번째 줄 오른쪽에 치우치도록 하되 오른쪽 두 칸을 비우고 씁니다. 이름마다 한 자씩 띄어 써도 됩니다.

(4) 본문 쓰기

① 글을 시작할 때에는 이름을 쓴 아랫줄에 한 줄을 비우고 다음 줄의 두 번째 칸부터 씁니다.

② 올바른 원고지 사용 방법과 띄어쓰기에 유의하며 씁니다.

					신	화	와		전	설	→제목		
								미	래	초	등	학	교
				2	학	년		1	반		홍		대	양
→글이 시작되는 첫 칸 비워 들여쓰기													
	옛	날	부	터		한		민	족		안	에		전	해		내	려	오
는		신	적		존	재	의		탄	생	과		활	동	을		중	심	으
로		한		이	야	기	가		신	화	이	다	.	→마침표
	전	설	은		민	간	에	서		전	해		내	려	오	는	,		구	체
적	인		장	소	와		인	물	에		관	한		이	야	기	이	다	.

한 문단이 끝난 후 줄 바꾸어 들여쓰기

쉼표

본문

2. 원고지 쓰는 방법에 따라 아래의 내용을 원고지에 직접 써 보세요.

> 옛날, 어느 산속에 염소, 두꺼비, 토끼가 살고 있었습니다. 세 친구는 서로 맛있는 음식을 먼저 먹으려고 다투었습니다. 염소가 앞으로 나서며 말했습니다.
> "몸집이 크니까 내가 어른이다."
> 그러자 토끼가 말했습니다.
> "무슨 소리? 수염이 기니까 내가 어른이지."

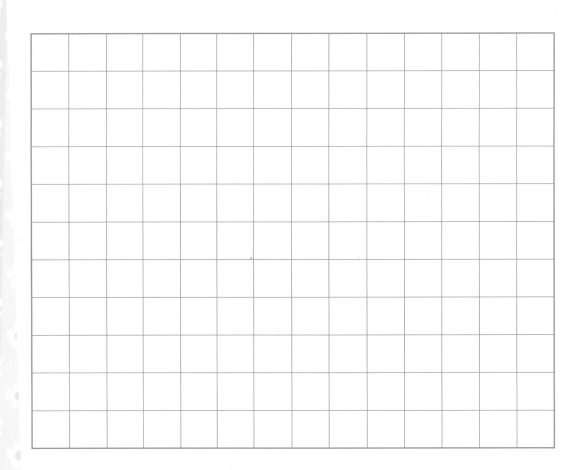

정답

너무 하기 싫은 글쓰기, 왜 해야 하나요?

21~23쪽

1.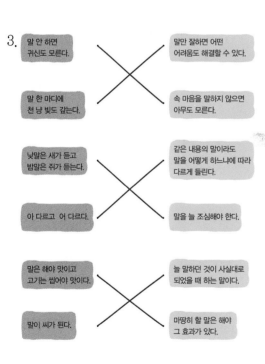

2. ④

4. ① 고구마
   ② 고래 싸움에 새우등 터진다.

③ 돌다리도 두들겨 보고 건너라.

28쪽

1. ①

2. ②

33~35쪽

1.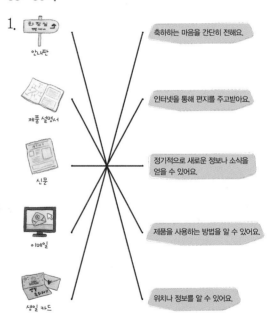

2. **예시 답안**

제목 : 비 오는 날

비가 갑자기 와서 우산을 쓰고 밖으로 나갔다. 물웅덩이에 발을 넣고 잘박잘박 물을 튀기는 장난을 했다. 비가 퉁퉁 우산 위로 떨어졌다. 그 소리를 친구와 함께 들으며 비를 맞으며 놀았다.

비 내리는 소리가 너무 듣기 좋았다. 우산 위로 비가 떨어지는 소리가 마치 즐거운 음악 같았다. 하지만 비를 맞아 옷이 흠뻑 젖었다. 엄마에게 잔소리를 들을 일이 걱정되었지만 기분이 무척 좋았다.

36~37쪽

1. ① 토끼
   ② 수저
   ③ 썰매
   ④ 비행기
   ⑤ 수건
   ⑥ 사과

2. ① 나무
   ② 동물
   ③ 꽃
   ④ 물고기
   ⑤ 과일
   ⑥ 채소

글을 잘 쓰려면 무엇을 알아야 할까요?

47쪽

1. ① 가방, 달님, 만화, 아기
   ② 반지, 복도, 부자, 붕어
   ③ 그네, 나비, 우리, 할머니

2. ① 알다 ② 앉다 ③ 맡다 ④ 읽다

3. 가난하다 – 가슴 – 거미 – 겨울
   – 공장 – 교육 – 규칙 – 그네 – 기차

52쪽

1. ① 작은
   ② 다릅니다
   ③ 붙입니다
   ④ 반듯이
   ⑤ 잃어버려

57쪽

1. 예시 답안
   ① 손바닥과 지도에는 여기저기로 뻗은 선이 많이 있습니다.
   ② 비행기와 새는 날개가 있습니다.

2. 예시 답안
   ① 넓으면 엄마 마음, 엄마 마음은 따뜻해.
   ② 맛있으면 피자, 피자는 동그래, 동그란 것은 내 얼굴.

63~64쪽

1. ① 받았어.
   ② 바람이
   ③ 생각을
   ④ 앞으로도

2. ① 가치 → 같이,
　　갓다 → 갔다
　② 자근 → 작은,
　　에쁘게 → 예쁘게,
　　무리 → 물이
　③ 미테 → 밑에,
　　안자 → 앉아
　④ 조았다. → 좋았다.

3. ① 노리터 → 놀이터
　② 하라버지 → 할아버지
　③ 엽짜리 → 옆자리
　④ 은해 → 은혜
　⑤ 안자서 → 앉아서
　⑥ 꼬자 → 꽂아

70~71쪽

1. ①

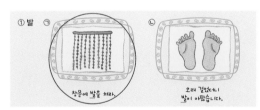

②

③

2. ①

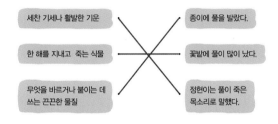

②

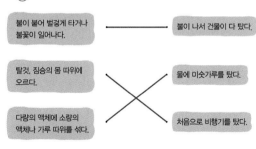

72~73쪽

1.

148

가로말 풀이

① 할머니의 반대말. 아버지의 아버지, 또는 어머니의 아버지를 부르는 말이에요.

② 화요일 다음 날은 ○요일,
○요일 다음 날은 목요일.

세로말 풀이

㉠ 아래를 향해 허리가 굽은 모양이 꼬부랑 할머니를 닮았다고 이름 붙여진 꽃이에요.

㉡ 필통 속에 연필과 함께 있어요. 연필로 쓴 글씨나 그림을 지울 때 써요.

2.

가로말 풀이

① 바람이 불면 빙글빙글 돌아가는 장난감이에요.

② 하늘을 나는 새. 기럭기럭 ○○○.

세로말 풀이

㉠ 해를 보고 자라는 꽃.
키가 크고 노란색입니다.

㉢ 칙칙폭폭 소리를 내며 철길을 달리는 ○○.

이제 나도 쓸 수 있어요!

84~85쪽

1. ㉢ → ㉣ → ㉡ → ㉠

2.

90쪽

1. 예시 답안

철수와 영희는 집에 가는 길에 놀이터 의자에서 주인 없는 장난감을 주웠습니다.

철수와 영희는 장난감 가게로 가서 누가 산 것인지 물어보았습니다. 장난감의 주인은 빨간 모자 쓴 할아버지였습니다. 그때 철수가 장난감을 놓고 급하게 밖으로 달려 나갔습니다. 장

난감 가게 밖으로 빨간 모자 쓴 할아버지가 지나가는 것을 보았기 때문입니다. 장난감을 찾아 드리자 할아버지께서는 영희와 철수에게 고맙다며 빵을 사 주셨습니다.

95쪽

1. 연수는 풀어진 자기의 운동화 끈을 밟아서 넘어졌습니다.

2. ① 결과
   ② 원인
   ③ 결과
   ④ 원인

100~102쪽

1. 예시 답안

오빠 토끼는 동생 토끼를 우체부 아저씨에게 데려다 주며 학교로 보내 달라고 부탁합니다. 우체부 아저씨도 웃으며 오빠의 부탁을 들어 줍니다.

2. 예시 답안

그러자 시골 양반은 "벙어리가 하는 말을 들을 수 있는 당신은 마음씨가 아주 좋은 사람입니다."라고 하였습니다.
포졸은 어이가 없어서 "그럼, 다른 사람들은 당신 말을 들을 수 없다는 말이오?"라고 다시 물었습니다.

그러자 시골 양반은 "마음씨가 나쁜 사람은 제 말이 들리지 않거든요. 당신은 정말 착한 사람이군요."라고 말하였습니다.
착한 사람이라는 말에 우쭐해진 포졸은 시골 양반을 그냥 집으로 돌아가게 했습니다.

3. 예시 답안

코끼리는 아기 기린을 구하려고 나무에 매달았어요. 나무에 매달린 아기 기린은 "도와줘. 목이 너무 아파." 라고 큰 소리로 외쳤어요. 나무에 매달린 아기 기린의 목이 자꾸 길어졌어요. 그래서 지금처럼 기린의 목이 길어졌답니다.

110~111쪽

1. 예시 답안

제목: 조심성 없는 나.
마음: 엄마에게 미안하고 감사한 마음.
부주의한 자신을 반성하는 마음.

2. 예시 답안

제목: 친구 같은 엄마.
글감: 엄마의 킥보드 타기.

3. 예시 답안

제목: 앗, 너무 차가워.
설악산에 갔다. 세 시간이나 차를 타고 굽이굽이 길을 돌아 겨우 도착했다.

산에 오르니 땀이 비 오듯 쏟아졌다. 조금
더 가니 계곡 소리가 시원하게 들렸다. 빠른
걸음으로 계곡을 찾아 갔다. 그런데 계곡물
이 너무 차가워 발을 담글 수가 없었다.
"앗! 차가워!"
차가운 계곡물은 나의 더위를 모두 가져간
것 같았다. 오랫동안 차를 타고 이곳까지
온 보람이 있었다.

116~118쪽

1.

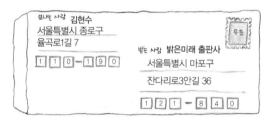

2. 예시 답안

아저씨께 감사하다는 말씀을 전하려고 이
렇게 편지를 씁니다.
좋은 친구가 생겨서 매우 기뻐요. 친구와
글 나라 이곳저곳을 구경하는 일이 무척 즐
겁고 신이 나요. 무엇보다 글쓰기에 대해
많은 것을 알게 되어서 너무 행복해요. 아
저씨, 정말 고맙습니다.

3. ① 받는 사람
   ② 첫인사
   ③ 하고 싶은 말
   ④ 끝인사
   ⑤ 쓴 날짜

123~125쪽

1. 예시 답안

① 책에서 보았던 동물을 직접 보게 되면 동물
을 더욱 사랑할 수 있을 것 같아요.

② 컴퓨터 인터넷으로 도움이 되는 다양한 정
보를 얻을 수 있어요.

③ 집에 혼자 있는 동안 저와 함께해 줄 친구가
필요해요.

2. 예시 답안

좋아하는 음식 : 나는 김치를 좋아합니다.
좋아하는 까닭 : 왜냐하면 김치 속에는 비
타민C가 사과의 50배나 들어 있기 때문입
니다.

싫어하는 음식 : 나는 피자를 싫어합니다.
싫어하는 까닭 : 피자에는 내가 싫어하는
치즈가 너무 많이 들어 있기 때문입니다.

3. 예시 답안

나는 거북이가 대표가 되어 별나라로 가야
한다고 생각합니다. 왜냐하면 거북이는 가
장 오래 살았기 때문입니다. 별이 생겨난
날을 기념하는 모임에 지구의 역사를 잘 알
고 있는 거북이가 가장 어울린다고 생각합
니다.

정답

130~131쪽

1. 성희네 집에서
강아지를 봤어요. (사)
강아지가 정말 귀여워요. (의)
엄마, 우리도 강아지 키워요. (의)

 우리 집은 아파트잖아? (사)
강아지가 짖으면 이웃에
피해를 주잖니? (의)
털이 날려서 동생에게도
안 좋아. (의)

 제가 털이 날리지 않도록
매일 목욕시킬게요. (의)

 엄마는 강아지가 싫어. (의)
그렇지만 네가 꼭 길러 보고
싶다면 좀 더 생각해 볼게. (의)

2. 예시 답안

공통점 : 긴 상자 모양입니다.
바퀴가 있습니다.

차이점 : 버스-도로로 다닙니다.
사람을 주로 태웁니다.
기차-레일 위로만 다닙니다.

여러 칸이 이어져 있습니다.
화물을 실어 나르기도 합니다.

3. 토끼

4. 예시 답안

토끼는 깊은 산속을 깡충깡충 뛰어다니며 활동합니다. 겁이 많아 위험한 순간에 재빨리 도망갑니다. 강아지보다 작은 편이고, 기다랗고 쫑긋한 귀가 특징입니다. 여러 가지 색깔의 토끼가 있으며, 하얀 토끼는 눈이 빨갛습니다. 풀을 뜯어먹으며, 당근 등 채소를 잘 먹습니다.

139쪽

1. ① 《여우 누이》의 셋째 아들

② 예시 답안

㉠ 가족들이 걱정되어 집으로 돌아왔어요. 여우 누이에게서 용기 있게 가족을 지켜 냈어요.

㉡ 밤새 아버지가 외양간을 지키라고 했을 때 졸음을 참았어요. 참을성이 많아요. 누이가 무서운 여우란 것도 알았지만 용기도 많고 책임감도 강해서 가족을 지키려고 다시 집으로 돌아왔어요.

ⓒ 아버지가 네 말을 믿어 주지 않아 서운했을 거야. 하지만 가족을 지키기 위해 여우와 싸우려고 집으로 돌아온 것을 보니 네 용기 있는 행동이 참 부러워.

③ 신기하고 무서운 이야기지만 재미있다. 여우가 사람으로 둔갑해 여동생으로 태어난 이야기는 슬프면서도 믿을 수가 없다. 친구들도 다들 '설마?'라고 했다. 아마 아버지가 딸을 욕심내지 않았다면 이 가족에게 슬픈 일은 일어나지 않았을 것 같다.
셋째 아들이 여우 누이와 싸우는 장면은 지금 생각해도 오싹하다. 빨간 호리병을 던지면 불이 나오고 여우 누이는 불에 타 죽는다. 무섭지만 자꾸만 보고 싶은 장면이다.

140~141쪽

1. ① 두 글자 낱말
날개, 여우, 귀신, 여름, 겨울, 그늘, 그네, 물개, 풍선, 머리, 다리, 가수, 아기, 소리, 가지 등
② 세 글자 낱말
민들레, 다람쥐, 개나리, 개울가, 소나기, 여름날, 은하수, 그리움, 아버지, 어머니 등

2. ① 두 글자 낱말
수건, 기름, 지도, 구슬, 그림, 염소, 고사, 사리 등
② 세 글자 낱말
고사리, 은하수, 귀걸이, 소방차, 그림자 등

이 책의 기획 의도

이 책은 처음 글쓰기를 시작하는 저학년 어린이들을 위한 '글쓰기' 입문서입니다. 어린이들은 글쓰기를 하는 동안 생각의 폭을 넓히고, 다양하게 생각하며 글을 쓰는 과정 속에서 언어에 대한 흥미와 관심을 갖게 됩니다. 그렇기 때문에 저학년 시기에 글쓰기 교육은 반드시 필요합니다. 하지만 많은 어린이들이 글쓰기를 하는 데 두려움 먼저 느낍니다. 그리고 뭘 어떻게 써야 할지 몰라 어렵다고만 생각합니다.

이 책에서는 어린이들이 글쓰기에 흥미를 가지도록, 말과 글이 필요한 이유부터 쉽게 글을 쓸 수 있는 방법까지 글쓰기에 대한 모든 내용을 알려 줍니다. 수년 간 어린이들에게 쉽고 재미있게 논술 지도를 한 선생님이 오랫동안 고민하고 기획하여 만들었습니다. 특히 이 책은 초등학교 1학년부터 4학년까지 개정 국어 교과 내용을 바탕으로 어린이들에게 필요한 내용을 골라, 단계별로 구성했습니다.

어린이들은 동화 속 주인공 현수와 함께 글 나라 여행을 하면서 글의 중요성을 알게 되고, 글을 쓰는 데 필요한 기초 지식과 글쓰기 방법을 깨우치게 됩니다. 동화를 통해 여러 가지 형식의 글과 문법 요소를 쉽고 자연스럽게 알 수 있을 뿐만 아니라, 국어 교과 내용과 관련하여 기억하기 쉽게 정리한 핵심 개념을 통해 글쓰기에 꼭 필요한 국어 지식들을 차곡차곡 쌓아 나갈 수 있습니다. 또한 앞서 익힌 개념들을 바탕으로 실제로 직접 글을 써 보는 활동으로, 글을 쓰는 즐거움을 느끼고 어휘력과 창의력을 키울 수 있습니다.

어린이들이 즐거운 마음으로 이 책을 읽고, 자신감 있게 글쓰기에 도전하게 되어 글쓰기의 재미를 알아 갔으면 합니다. 자신의 생각을 개성이 넘치는 글로 적극적이고 자유롭게 표현하는 어린이가 되기를 바랍니다.

이 책의 구성

짚고 넘어가요!

동화 속에서 제시한 글쓰기의 기본 내용과 함께 관련 국어 지식을 자세히 정리합니다.

현수의 정리 노트

글쓰기에 관한 핵심 내용을 어린이의 눈높이에 맞춰 쉽게 요약합니다.

글쓰기 도전

여러 가지 형식의 재미있는 활동을 통해 앞에서 익힌 개념들을 다시 한 번 확인하고, 직접 글을 써 보면서 글쓰기의 기본 형식을 완전히 이해할 수 있습니다.

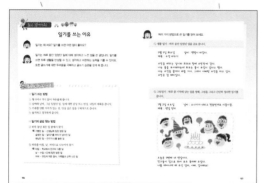

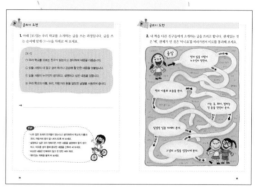

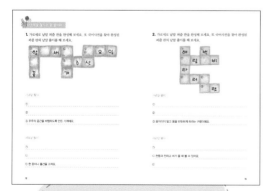

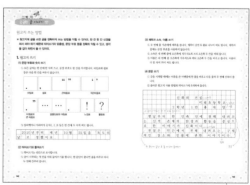

사고력을 위한 글 놀이터

낱말 퍼즐 맞추기, 상상하여 그림으로 그리기 등의 다양한 글 놀이를 통해 어휘력을 확장시키고 사고력과 창의력을 키울 수 있습니다.

궁금한 글 이야기

문장 부호와 한글이 만들어진 이야기, 원고지 사용법 등 글쓰기와 관련된 재미있는 이야기를 실었습니다.